KUMON MATH WORKBOOKS

Grade **2**

W9-BGN-680

Addition

Table of Contents

KUM☺N

Review ◆Addition 1 to 9

Level ☆

Score

Date / /

Name

/100

1 Add.

2 points per question

(1) $4 + 1 = 5$

(2) $6 + 1 = 7$

(3) $9 + 1 = 10$

(4) $8 + 1 = 9$

(5) $5 + 1 = 6$

(6) $7 + 2 = 9$

(7) $4 + 2 = 2$

(8) $8 + 2 = 10$

(9) $6 + 2 = 8$

(10) $9 + 2 = 11$

(11) $3 + 3 = 2$

(12) $7 + 3 = 10$

(13) $6 + 3 = 9$

(14) $8 + 3 =$

(15) $9 + 3 =$

(16) $5 + 4 =$

(17) $8 + 4 =$

(18) $2 + 4 =$

(19) $6 + 4 =$

(20) $9 + 4 =$

(21) $2 + 5 =$

(22) $7 + 5 =$

(23) $6 + 5 =$

(24) $9 + 5 =$

(25) $5 + 5 =$

 **Add.**

(1) $3 + 6 =$

(2) $5 + 6 =$

(3) $4 + 6 =$

(4) $7 + 6 =$

(5) $9 + 6 =$

(6) $6 + 6 =$

(7) $4 + 7 =$

(8) $7 + 7 =$

(9) $5 + 7 =$

(10) $8 + 7 =$

(11) $6 + 7 =$

(12) $9 + 7 =$

(13) $5 + 8 =$

(14) $4 + 8 =$

(15) $6 + 8 =$

(16) $3 + 8 =$

(17) $7 + 8 =$

(18) $9 + 8 =$

(19) $8 + 8 =$

(20) $2 + 9 =$

(21) $4 + 9 =$

(22) $5 + 9 =$

(23) $8 + 9 =$

(24) $7 + 9 =$

(25) $9 + 9 =$

Do you remember your addition?

3

1 Add.

2 points per question

(1) $7 + 1 =$

(2) $9 + 1 =$

(3) $6 + 2 =$

(4) $8 + 2 =$

(5) $5 + 3 =$

(6) $7 + 3 =$

(7) $9 + 3 =$

(8) $4 + 4 =$

(9) $7 + 4 =$

(10) $6 + 4 =$

(11) $9 + 5 =$

(12) $8 + 5 =$

(13) $4 + 5 =$

(14) $5 + 6 =$

(15) $8 + 6 =$

(16) $4 + 6 =$

(17) $3 + 7 =$

(18) $6 + 7 =$

(19) $4 + 7 =$

(20) $2 + 8 =$

(21) $5 + 8 =$

(22) $6 + 8 =$

(23) $3 + 9 =$

(24) $1 + 9 =$

(25) $5 + 9 =$

2 Add.

2 points per question

(1) $6 + 3 =$

(2) $6 + 7 =$

(3) $8 + 4 =$

(4) $8 + 6 =$

(5) $4 + 7 =$

(6) $5 + 6 =$

(7) $5 + 8 =$

(8) $7 + 2 =$

(9) $7 + 6 =$

(10) $8 + 6 =$

(11) $9 + 4 =$

(12) $9 + 2 =$

(13) $8 + 3 =$

(14) $5 + 4 =$

(15) $6 + 5 =$

(16) $9 + 1 =$

(17) $7 + 5 =$

(18) $6 + 8 =$

(19) $4 + 6 =$

(20) $8 + 2 =$

(21) $9 + 5 =$

(22) $5 + 7 =$

(23) $3 + 9 =$

(24) $2 + 8 =$

(25) $4 + 9 =$

When you are finished, remember to check your answers!

1 Add.

2 points per question

(1) $9 + 3 =$

(2) $8 + 3 =$

(3) $8 + 4 =$

(4) $6 + 5 =$

(5) $9 + 5 =$

(6) $7 + 6 =$

(7) $8 + 6 =$

(8) $9 + 6 =$

(9) $6 + 7 =$

(10) $8 + 7 =$

(11) $5 + 8 =$

(12) $7 + 8 =$

(13) $6 + 9 =$

(14) $8 + 9 =$

(15) $8 + 7 =$

(16) $6 + 9 =$

(17) $6 + 4 =$

(18) $7 + 8 =$

(19) $7 + 9 =$

(20) $4 + 7 =$

(21) $4 + 8 =$

(22) $5 + 9 =$

(23) $5 + 7 =$

(24) $9 + 6 =$

(25) $9 + 9 =$

 **Add.**

(1) $7 + 6 =$

(2) $4 + 9 =$

(3) $5 + 7 =$

(4) $8 + 6 =$

(5) $9 + 7 =$

(6) $6 + 5 =$

(7) $4 + 9 =$

(8) $3 + 8 =$

(9) $5 + 9 =$

(10) $7 + 8 =$

(11) $9 + 2 =$

(12) $8 + 5 =$

(13) $4 + 6 =$

(14) $6 + 9 =$

(15) $2 + 8 =$

(16) $8 + 9 =$

(17) $7 + 7 =$

(18) $5 + 4 =$

(19) $3 + 9 =$

(20) $6 + 8 =$

(21) $9 + 9 =$

(22) $7 + 5 =$

(23) $4 + 8 =$

(24) $9 + 9 =$

(25) $6 + 7 =$

Let's review some more addition!

4 Review

Date / /

Name

1 Add.

2 points per question

(1) $6 + 1 =$

(2) $8 + 1 =$

(3) $5 + 2 =$

(4) $9 + 2 =$

(5) $4 + 3 =$

(6) $7 + 3 =$

(7) $6 + 4 =$

(8) $5 + 4 =$

(9) $3 + 5 =$

(10) $9 + 5 =$

(11) $7 + 6 =$

(12) $4 + 6 =$

(13) $2 + 7 =$

(14) $4 + 7 =$

(15) $6 + 8 =$

(16) $3 + 8 =$

(17) $1 + 9 =$

(18) $4 + 9 =$

(19) $6 + 7 =$

(20) $3 + 8 =$

(21) $2 + 9 =$

(22) $4 + 5 =$

(23) $6 + 3 =$

(24) $8 + 6 =$

(25) $7 + 4 =$

Add.

(1) $3 + 7 =$

(2) $4 + 8 =$

(3) $5 + 6 =$

(4) $2 + 9 =$

(5) $6 + 5 =$

(6) $4 + 7 =$

(7) $7 + 9 =$

(8) $8 + 3 =$

(9) $5 + 8 =$

(10) $4 + 6 =$

(11) $6 + 9 =$

(12) $9 + 7 =$

(13) $8 + 9 =$

(14) $4 + 3 =$

(15) $2 + 5 =$

(16) $6 + 3 =$

(17) $7 + 7 =$

(18) $9 + 9 =$

(19) $5 + 6 =$

(20) $3 + 9 =$

(21) $9 + 1 =$

(22) $6 + 4 =$

(23) $7 + 5 =$

(24) $4 + 9 =$

(25) $8 + 8 =$

Have you mastered your addition with smaller numbers?

1 Add.

2 points per question

(1) $9 + 1 =$

(2) $10 + 1 =$

(3) $11 + 1 =$

(4) $12 + 1 =$

(5) $10 + 2 =$

(6) $11 + 2 =$

(7) $12 + 2 =$

(8) $12 + 3 =$

(9) $13 + 3 =$

(10) $14 + 3 =$

(11) $12 + 4 =$

(12) $13 + 4 =$

(13) $14 + 4 =$

(14) $12 + 5 =$

(15) $13 + 5 =$

(16) $14 + 5 =$

(17) $14 + 6 =$

(18) $12 + 6 =$

(19) $13 + 6 =$

(20) $13 + 7 =$

(21) $12 + 7 =$

(22) $12 + 8 =$

(23) $10 + 8 =$

(24) $11 + 8 =$

(25) $11 + 9 =$

2 Add.

2 points per question

(1) $10+1=$

(2) $10+3=$

(3) $10+5=$

(4) $10+8=$

(5) $11+2=$

(6) $11+3=$

(7) $11+8=$

(8) $11+9=$

(9) $12+1=$

(10) $12+4=$

(11) $12+8=$

(12) $13+5=$

(13) $13+7=$

(14) $14+1=$

(15) $14+3=$

(16) $14+6=$

(17) $15+2=$

(18) $15+4=$

(19) $15+5=$

(20) $16+1=$

(21) $16+3=$

(22) $17+2=$

(23) $17+3=$

(24) $18+2=$

(25) $19+1=$

All right! Let's try some bigger numbers now!

Addition ◆Sums up to 24

6

Level ★★

Score

/100

Date / /

Name

1 Add.

2 points per question

(1) $12 + 2 =$

(2) $14 + 2 =$

(3) $16 + 2 =$

(4) $12 + 3 =$

(5) $14 + 3 =$

(6) $16 + 3 =$

(7) $12 + 4 =$

(8) $14 + 4 =$

(9) $16 + 4 =$

(10) $12 + 5 =$

(11) $14 + 5 =$

(12) $15 + 5 =$

(13) $15 + 6 =$

(14) $12 + 6 =$

(15) $14 + 6 =$

(16) $16 + 6 =$

(17) $13 + 7 =$

(18) $14 + 7 =$

(19) $15 + 7 =$

(20) $16 + 7 =$

(21) $13 + 8 =$

(22) $14 + 8 =$

(23) $15 + 8 =$

(24) $16 + 8 =$

(25) $12 + 9 =$

© *Kumon Publishing Co., Ltd.*

2 Add.

(1) $12+5=$

(2) $12+7=$

(3) $12+8=$

(4) $13+7=$

(5) $13+9=$

(6) $14+4=$

(7) $14+6=$

(8) $14+8=$

(9) $15+5=$

(10) $15+7=$

(11) $15+9=$

(12) $16+6=$

(13) $16+8=$

(14) $17+4=$

(15) $17+5=$

(16) $17+6=$

(17) $17+7=$

(18) $18+3=$

(19) $18+4=$

(20) $18+5=$

(21) $18+6=$

(22) $19+2=$

(23) $19+3=$

(24) $19+4=$

(25) $19+5=$

Don't forget to check your answers when you're done.

7

Addition ◆Sums up to 28

Level
★ ★

Score
/ 100

Date
/   /

Name

1 **Add.**

2 points per question

(1) $14 + 3 =$

(2) $15 + 3 =$

(3) $16 + 3 =$

(4) $17 + 3 =$

(5) $15 + 4 =$

(6) $16 + 4 =$

(7) $17 + 4 =$

(8) $15 + 5 =$

(9) $16 + 5 =$

(10) $17 + 5 =$

(11) $15 + 6 =$

(12) $16 + 6 =$

(13) $17 + 6 =$

(14) $14 + 7 =$

(15) $15 + 7 =$

(16) $16 + 7 =$

(17) $17 + 7 =$

(18) $14 + 8 =$

(19) $15 + 8 =$

(20) $16 + 8 =$

(21) $17 + 8 =$

(22) $14 + 9 =$

(23) $15 + 9 =$

(24) $16 + 9 =$

(25) $17 + 9 =$

2 Add.

(1) $14 + 3 =$

(2) $14 + 5 =$

(3) $14 + 7 =$

(4) $14 + 9 =$

(5) $15 + 4 =$

(6) $15 + 6 =$

(7) $15 + 8 =$

(8) $15 + 9 =$

(9) $16 + 3 =$

(10) $16 + 5 =$

(11) $16 + 7 =$

(12) $16 + 8 =$

(13) $16 + 9 =$

(14) $17 + 5 =$

(15) $17 + 6 =$

(16) $17 + 8 =$

(17) $17 + 9 =$

(18) $18 + 9 =$

(19) $18 + 7 =$

(20) $18 + 6 =$

(21) $18 + 8 =$

(22) $19 + 8 =$

(23) $19 + 7 =$

(24) $19 + 6 =$

(25) $19 + 9 =$

All right! You made it! Let's try something new!

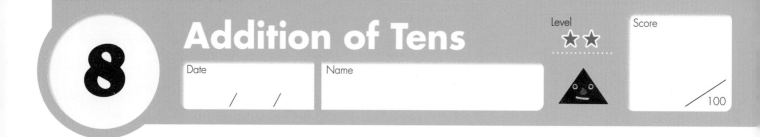

1 Add.

2 points per question

(1) $10+10=20$

(2) $20+10=30$

(3) $30+10=$

(4) $50+10=$

(5) $10+20=$

(6) $30+20=$

(7) $50+20=$

(8) $70+20=$

(9) $10+30=$

(10) $20+30=$

(11) $50+30=$

(12) $60+30=$

(13) $60+40=100$

(14) $20+40=$

(15) $40+40=$

(16) $50+50=$

(17) $10+50=$

(18) $30+50=$

(19) $40+50=$

(20) $10+60=$

(21) $20+60=$

(22) $40+60=$

(23) $10+70=$

(24) $30+70=$

(25) $10+80=$

(1) 50+10=

(2) 60+10=

(3) 70+10=

(4) 80+10=

(5) 80+20=

(6) 70+20=

(7) 60+20=

(8) 50+20=

(9) 50+30=

(10) 60+30=

(11) 70+30=

(12) 70+40=

(13) 80+40=

(14) 60+40=

(15) 60+50=

(16) 70+50=

(17) 70+60=

(18) 40+60=

(19) 50+60=

(20) 50+70=

(21) 40+70=

(22) 30+70=

(23) 30+80=

(24) 40+80=

(25) 20+90=

Good work! These are some really big numbers!

1 Add.

2 points per question

(1) $10 + 1 =$

(2) $20 + 1 =$

(3) $30 + 1 =$

(4) $10 + 3 =$

(5) $20 + 3 =$

(6) $30 + 3 =$

(7) $20 + 6 =$

(8) $30 + 6 =$

(9) $40 + 6 =$

(10) $40 + 4 =$

(11) $50 + 4 =$

(12) $60 + 4 =$

(13) $70 + 4 =$

(14) $70 + 5 =$

(15) $60 + 5 =$

(16) $40 + 5 =$

(17) $40 + 8 =$

(18) $50 + 8 =$

(19) $80 + 8 =$

(20) $80 + 2 =$

(21) $70 + 2 =$

(22) $50 + 2 =$

(23) $30 + 2 =$

(24) $30 + 7 =$

(25) $50 + 7 =$

2 **Add.**

(1) $20 + 4 =$

(2) $20 + 7 =$

(3) $20 + 9 =$

(4) $30 + 2 =$

(5) $30 + 5 =$

(6) $30 + 7 =$

(7) $30 + 8 =$

(8) $40 + 3 =$

(9) $40 + 5 =$

(10) $40 + 9 =$

(11) $50 + 4 =$

(12) $50 + 6 =$

(13) $50 + 8 =$

(14) $60 + 1 =$

(15) $60 + 3 =$

(16) $60 + 5 =$

(17) $70 + 4 =$

(18) $70 + 7 =$

(19) $70 + 9 =$

(20) $80 + 1 =$

(21) $80 + 4 =$

(22) $80 + 6 =$

(23) $90 + 2 =$

(24) $90 + 6 =$

(25) $90 + 8 =$

I think you've got the hang of it now!
Are you ready for something new?

10 Addition ◆2-Digits +1-Digit

Level ★★

Score

/100

Date   /   /

Name

1 Add.

2 points per question

(1) $27+1=$

(2) $37+1=$

(3) $57+1=$

(4) $77+1=$

(5) $15+3=$

(6) $25+3=$

(7) $35+3=$

(8) $13+4=$

(9) $23+4=$

(10) $43+4=$

(11) $12+7=$

(12) $32+7=$

(13) $52+7=$

(14) $46+2=$

(15) $56+2=$

(16) $76+2=$

(17) $96+2=$

(18) $14+5=$

(19) $34+5=$

(20) $64+5=$

(21) $84+5=$

(22) $21+6=$

(23) $31+6=$

(24) $51+6=$

(25) $71+6=$

2 Add.

2 points per question

(1) $15 + 4 =$

(2) $16 + 3 =$

(3) $26 + 3 =$

(4) $28 + 1 =$

(5) $38 + 1 =$

(6) $32 + 6 =$

(7) $35 + 2 =$

(8) $45 + 2 =$

(9) $43 + 5 =$

(10) $41 + 6 =$

(11) $51 + 6 =$

(12) $52 + 7 =$

(13) $54 + 5 =$

(14) $61 + 8 =$

(15) $63 + 4 =$

(16) $65 + 2 =$

(17) $75 + 2 =$

(18) $76 + 1 =$

(19) $72 + 7 =$

(20) $82 + 7 =$

(21) $85 + 4 =$

(22) $84 + 3 =$

(23) $94 + 3 =$

(24) $91 + 7 =$

(25) $92 + 6 =$

Well done! Now, let's try it another way!

21

11
Addition ◆1-Digit +2-Digits

Date   /   /

Name

Level ★ ★

Score
/100

1 **Add.**

2 points per question

(1) 4 + 14 =

(2) 4 + 24 =

(3) 4 + 34 =

(4) 5 + 13 =

(5) 5 + 23 =

(6) 5 + 43 =

(7) 5 + 63 =

(8) 8 + 11 =

(9) 8 + 20 =

(10) 8 + 21 =

(11) 8 + 30 =

(12) 8 + 31 =

(13) 8 + 51 =

(14) 2 + 16 =

(15) 2 + 26 =

(16) 2 + 46 =

(17) 2 + 66 =

(18) 7 + 10 =

(19) 7 + 20 =

(20) 7 + 22 =

(21) 7 + 42 =

(22) 6 + 40 =

(23) 6 + 52 =

(24) 6 + 62 =

(25) 6 + 82 =

Add.

(1) 4 + 15 =

(2) 3 + 16 =

(3) 3 + 26 =

(4) 5 + 21 =

(5) 7 + 30 =

(6) 8 + 31 =

(7) 6 + 33 =

(8) 2 + 35 =

(9) 2 + 45 =

(10) 6 + 41 =

(11) 6 + 50 =

(12) 5 + 53 =

(13) 7 + 52 =

(14) 5 + 63 =

(15) 6 + 60 =

(16) 4 + 65 =

(17) 4 + 75 =

(18) 7 + 72 =

(19) 3 + 71 =

(20) 3 + 80 =

(21) 3 + 81 =

(22) 5 + 84 =

(23) 2 + 86 =

(24) 2 + 96 =

(25) 4 + 93 =

Have you mastered your horizontal addition?

12 Addition ◆Sums up to 20

Level ★★

Date   /   /

Name

Score   /100

---

1 Add.

2 points per question

(1)
4 + 2 = ☐

(4)
```
   4
 + 2
 ───
```
☐ 👉 Write the answer here.

(2)
5 + 3 = ☐

(5)
```
   5
 + 3
 ───
```
☐

(7)
6 + 2 = ☐

(9)
```
   6
 + 2
 ───
```
☐

(3)
8 + 1 = ☐

(6)
```
   8
 + 1
 ───
```
☐

(8)
7 + 2 = ☐

(10)
```
   7
 + 2
 ───
```
☐

---

2 Add.

2 points per question

(1)
```
   3
 + 5
 ───
```

(4)
```
   6
 + 3
 ───
```

(7)
```
  1 6
 +  3
 ────
 ☐☐
```

(10)
```
  1 2
 +  4
 ────
```

(2)
```
   2
 + 7
 ───
```

(5)
```
   7
 + 1
 ───
```

(8)
```
  1 3
 +  5
 ────
```

(3)
```
   4
 + 5
 ───
```

(6)
```
  1 6
 +  2
 ────
  1 8
```

(9)
```
  1 4
 +  5
 ────
```

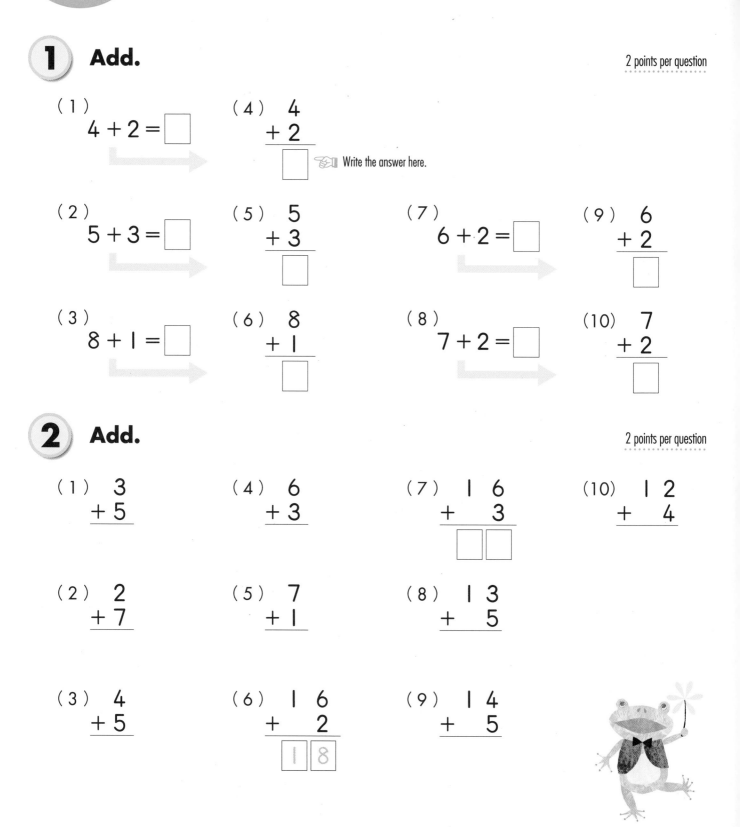

3 Add.

(1)
```
  1 2
+   4
```
☐☐

(2)
```
  1 2
+   5
```

(3)
```
  1 2
+   6
```

(4)
```
  1 2
+   7
```

(5)
```
  1 3
+   3
```

(6)
```
  1 3
+   5
```

(7)
```
  1 3
+   6
```

(8)
```
  1 4
+   2
```

(9)
```
  1 4
+   4
```

(10)
```
  1 4
+   5
```

(11)
```
  1 5
+   2
```

(12)
```
  1 6
+   2
```

(13)
```
  1 5
+   3
```

(14)
```
  1 6
+   3
```

(15)
```
  1 5
+   4
```

(16)
```
  1 7
+   1
```

(17)
```
  1 1
+   4
```

(18)
```
  1 1
+   7
```

(19)
```
  1 7
+   2
```

(20)
```
  1 8
+   1
```

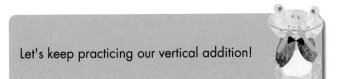
Let's keep practicing our vertical addition!

1 Add.

2 points per question

(1) $\begin{array}{r} 11 \\ + \ 4 \\ \hline \square\square \end{array}$

(2) $\begin{array}{r} 11 \\ + \ 5 \\ \hline \end{array}$

(3) $\begin{array}{r} 11 \\ + \ 6 \\ \hline \end{array}$

(4) $\begin{array}{r} 11 \\ + \ 7 \\ \hline \end{array}$

(5) $\begin{array}{r} 11 \\ + \ 8 \\ \hline \end{array}$

(6) $\begin{array}{r} 12 \\ + \ 5 \\ \hline \end{array}$

(7) $\begin{array}{r} 12 \\ + \ 6 \\ \hline \end{array}$

(8) $\begin{array}{r} 12 \\ + \ 7 \\ \hline \end{array}$

(9) $\begin{array}{r} 12 \\ + \ 8 \\ \hline \end{array}$

(10) $\begin{array}{r} 12 \\ + \ 9 \\ \hline \end{array}$

(11) $\begin{array}{r} 13 \\ + \ 5 \\ \hline \end{array}$

(12) $\begin{array}{r} 13 \\ + \ 6 \\ \hline \end{array}$

(13) $\begin{array}{r} 13 \\ + \ 7 \\ \hline \end{array}$

(14) $\begin{array}{r} 13 \\ + \ 8 \\ \hline \end{array}$

(15) $\begin{array}{r} 13 \\ + \ 9 \\ \hline \end{array}$

(16) $\begin{array}{r} 16 \\ + \ 3 \\ \hline \end{array}$

(17) $\begin{array}{r} 16 \\ + \ 4 \\ \hline \end{array}$

(18) $\begin{array}{r} 16 \\ + \ 5 \\ \hline \end{array}$

(19) $\begin{array}{r} 15 \\ + \ 7 \\ \hline \end{array}$

(20) $\begin{array}{r} 15 \\ + \ 9 \\ \hline \end{array}$

(1)　　1 3
　　　+　7
　　　☐☐

(2)　　1 3
　　　+　9

(3)　　1 5
　　　+　8

(4)　　1 5
　　　+　9

(5)　　1 6
　　　+　9

(6)　　1 8
　　　+　4

(7)　　1 6
　　　+　5

(8)　　1 6
　　　+　6

(9)　　1 8
　　　+　7

(10)　1 7
　　　+　9

(11)　1 1
　　　+1 3
　　　☐☐

(12)　1 6
　　　+1 1
　　　☐☐

(13)　1 6
　　　+1 2

(14)　1 3
　　　+1 5

(15)　1 5
　　　+1 4

(16)　2 3
　　　+1 2

(17)　2 4
　　　+1 4

(18)　2 1
　　　+1 5

(19)　2 6
　　　+1 2

(20)　3 6
　　　+1 2

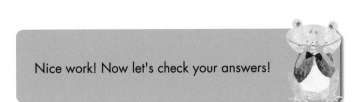

Nice work! Now let's check your answers!

Addition ◆Sums up to 100

Level ★★

Date / /

Name

Score /100

1 Add.

2 points per question

(1) 15
    +11
    ☐☐

(2) 14
    +12

(3) 17
    +12

(4) 23
    +14

(5) 26
    +13

(6) 15
    +12

(7) 24
    +12

(8) 30
    +11

(9) 30
    +20

(10) 30
    +21

(11) 11
    +32

(12) 35
    +11

(13) 50
    +15

(14) 43
    +15

(15) 83
    +16

(16) 43
    +12

(17) 35
    +24

(18) 50
    +18

(19) 21
    +45

(20) 83
    +15

② Add.

3 points per question

(1)
```
   3 0
 + 5 0
 -----
  □ □
```

(2)
```
   2 0
 + 6 0
```

(3)
```
   4 0
 + 3 0
```

(4)
```
   4 0
 + 5 0
```

(5)
```
   2 0
 + 7 0
```

(6)
```
   3 0
 + 2 8
```

(7)
```
   1 7
 + 2 2
```

(8)
```
   4 2
 + 5 0
```

(9)
```
   2 3
 + 5 3
```

(10)
```
   6 0
 + 1 3
```

(11)
```
   2 4
 + 1 2
```

(12)
```
   1 3
 + 2 0
```

(13)
```
   2 3
 + 1 2
```

(14)
```
   2 5
 + 1 4
```

(15)
```
   3 4
 + 5 1
```

(16)
```
   3 5
 + 1 3
```

(17)
```
   3 6
 + 4 2
```

(18)
```
   2 3
 + 5 4
```

(19)
```
   4 0
 + 5 8
```

(20)
```
   1 6
 + 2 3
```

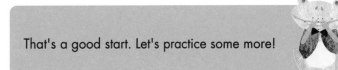

That's a good start. Let's practice some more!

Level ★★

Score /100

Date / /

Name

1 Add.

2 points per question

(1)
```
  2 0
+ 1 0
```

(6)
```
  2 5
+ 1 3
```

(11)
```
  2 0
+ 1 5
```

(16)
```
  2 5
+ 1 4
```

(2)
```
  2 5
+ 1 1
```

(7)
```
  5 0
+ 2 8
```

(12)
```
  3 0
+ 2 0
```

(17)
```
  2 4
+ 1 5
```

(3)
```
  2 6
+ 1 3
```

(8)
```
  3 3
+ 1 6
```

(13)
```
  2 4
+ 4 0
```

(18)
```
  4 4
+ 1 5
```

(4)
```
  4 6
+ 1 2
```

(9)
```
  6 7
+ 1 2
```

(14)
```
  6 0
+ 3 2
```

(19)
```
  4 5
+ 1 4
```

(5)
```
  7 4
+ 1 2
```

(10)
```
  8 4
+ 1 5
```

(15)
```
  7 0
+ 2 2
```

(20)
```
  4 5
+ 1 5
  6 0
```

2 Add.

3 points per question

(1)
```
  1 5
+   5
─────
□ □
```

(6)
```
  1 5
+ 1 5
─────
□ □
```

(11)
```
  1 6
+   5
```

(16)
```
  1 6
+ 1 5
```

(2)
```
  2 5
+   5
```

(7)
```
  2 5
+ 1 5
```

(12)
```
  2 6
+   5
```

(17)
```
  2 6
+ 1 5
```

(3)
```
  3 5
+   5
```

(8)
```
  3 5
+ 1 5
```

(13)
```
  3 6
+   5
```

(18)
```
  3 6
+ 1 5
```

(4)
```
  4 5
+   5
```

(9)
```
  4 5
+ 1 5
```

(14)
```
  4 6
+   5
```

(19)
```
  4 6
+ 1 5
```

(5)
```
  5 5
+   5
```

(10)
```
  5 5
+ 1 5
```

(15)
```
  5 6
+   5
```

(20)
```
  5 6
+ 1 5
```

Compare each problem on the left with one on its right. For example, look at (1) and (6). Do you see a pattern?

Are you getting the hang of it? Let's keep going!

Addition ◆Sums up to 100

Date / /

Name

1 **Add.**

2 points per question

(1)   14
    + 8

(2)   24
    + 8

(3)   34
    + 8

(4)   44
    + 8

(5)   54
    + 8

(6)   14
    +18

(7)   24
    +18

(8)   34
    +18

(9)   44
    +28

(10)   54
    +28

(11)   39
    + 4

(12)   49
    + 4

(13)   46
    + 9

(14)   56
    + 9

(15)   66
    + 9

(16)   39
    +24

(17)   49
    +34

(18)   46
    +19

(19)   56
    +29

(20)   66
    +19

Compare each problem on the left with one on its right. For example, look at (1) and (6). Do you see a pattern?

2 Add.

3 points per question

(1)　　1 1
　　　+ 1 1

(2)　　2 3
　　　+ 1 3

(3)　　3 2
　　　+ 5 1

(4)　　2 3
　　　+ 1 4

(5)　　6 3
　　　+ 1 5

(6)　　5 7
　　　+ 2 2

(7)　　4 1
　　　+ 4 5

(8)　　5 4
　　　+ 4 3

(9)　　2 3
　　　+ 1 0

(10)　3 0
　　　+ 3 0

(11)　1 4
　　　+ 1 6

(12)　1 5
　　　+ 1 7

(13)　1 4
　　　+ 1 9

(14)　1 5
　　　+ 2 6

(15)　2 3
　　　+ 1 8

(16)　2 6
　　　+ 1 6

(17)　3 3
　　　+ 1 7

(18)　4 6
　　　+ 1 6

(19)　5 8
　　　+ 1 3

(20)　6 8
　　　+ 1 8

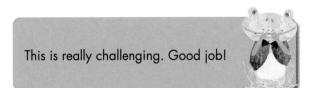

This is really challenging. Good job!

　33

1 **Add.**

2 points per question

(1) 30
    +10

(2) 50
    +40

(3) 84
    +13

(4) 57
    +31

(5) 45
    +14

(6) 17
    +62

(7) 26
    +33

(8) 24
    +13

(9) 10
    +19

(10) 34
    +15

(11) 17
    +14

(12) 18
    +14

(13) 18
    +17

(14) 21
    +19

(15) 29
    +12

(16) 17
    +53

(17) 19
    +63

(18) 19
    +64

(19) 75
    +18

(20) 79
    +16

2 Add.

3 points per question

(1)
```
   33
 +45
```

(6)
```
   28
 +12
```

(11)
```
   15
 +29
```

(16)
```
   38
 +25
```

(2)
```
   32
 +60
```

(7)
```
   23
 +17
```

(12)
```
   12
 +58
```

(17)
```
   28
 +33
```

(3)
```
   72
 +22
```

(8)
```
   28
 +13
```

(13)
```
   16
 +68
```

(18)
```
   39
 +41
```

(4)
```
   40
 +51
```

(9)
```
   34
 +19
```

(14)
```
   71
 +19
```

(19)
```
   27
 +57
```

(5)
```
   20
 +60
```

(10)
```
   45
 +18
```

(15)
```
   79
 +17
```

(20)
```
   58
 +38
```

If you made a mistake, just try the problem again.
You can do it!

Addition ◆Sums up to 100

1 Add.

2 points per question

(1)   16
    + 62

(2)   30
    + 40

(3)   10
    + 38

(4)   54
    + 20

(5)   27
    + 42

(6)   19
    + 33

(7)   18
    + 43

(8)   41
    + 19

(9)   42
    + 19

(10)   49
     + 15

(11)   19
     + 43

(12)   15
     + 48

(13)   18
     + 48

(14)   17
     + 57

(15)   16
     + 74

(16)   37
     + 24

(17)   37
     + 48

(18)   29
     + 57

(19)   26
     + 55

(20)   33
     + 58

2 Add.

(1) 22
    +30

(2) 45
    +23

(3) 57
    +42

(4) 14
    +67

(5) 67
    +17

(6) 16
    +24

(7) 13
    +39

(8) 16
    +49

(9) 15
    +47

(10) 14
     +69

(11) 17
     +75

(12) 46
     +16

(13) 73
     +18

(14) 17
     +78

(15) 47
     +16

(16) 35
     +25

(17) 27
     +23

(18) 24
     +57

(19) 46
     +37

(20) 59
     +39

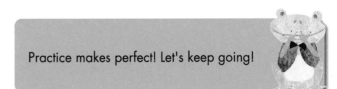

Practice makes perfect! Let's keep going!

1 **Add.**

2 points per question

(1) 18
    +22

(2) 34
    +18

(3) 11
    +79

(4) 18
    +75

(5) 46
    +27

(6) 47
    +16

(7) 78
    +15

(8) 37
    +24

(9) 49
    +26

(10) 67
    +29

(11) 24
    +19

(12) 16
    +36

(13) 19
    +53

(14) 29
    +35

(15) 39
    +48

(16) 28
    +37

(17) 36
    +25

(18) 28
    +48

(19) 24
    +69

(20) 39
    +59

 **Add.**

(1)
```
  28
+ 13
```

(6)
```
  27
+ 47
```

(11)
```
  27
+ 43
```

(16)
```
  25
+ 45
```

(2)
```
  14
+ 29
```

(7)
```
  59
+ 27
```

(12)
```
  29
+ 33
```

(17)
```
  41
+ 29
```

(3)
```
  16
+ 64
```

(8)
```
  66
+ 29
```

(13)
```
  29
+ 55
```

(18)
```
  57
+ 24
```

(4)
```
  38
+ 58
```

(9)
```
  37
+ 55
```

(14)
```
  36
+ 57
```

(19)
```
  58
+ 27
```

(5)
```
  55
+ 36
```

(10)
```
  48
+ 34
```

(15)
```
  59
+ 39
```

(20)
```
  48
+ 49
```

Don't forget to check your answers when you're done.

1 Add.

(1)
$$\begin{array}{r} 60 \\ +30 \\ \hline \end{array}$$

(6)
$$\begin{array}{r} 39 \\ +46 \\ \hline \end{array}$$

(11)
$$\begin{array}{r} 33 \\ +28 \\ \hline \end{array}$$

(16)
$$\begin{array}{r} 52 \\ +28 \\ \hline \end{array}$$

(2)
$$\begin{array}{r} 27 \\ +37 \\ \hline \end{array}$$

(7)
$$\begin{array}{r} 27 \\ +58 \\ \hline \end{array}$$

(12)
$$\begin{array}{r} 29 \\ +34 \\ \hline \end{array}$$

(17)
$$\begin{array}{r} 38 \\ +43 \\ \hline \end{array}$$

(3)
$$\begin{array}{r} 52 \\ +29 \\ \hline \end{array}$$

(8)
$$\begin{array}{r} 39 \\ +45 \\ \hline \end{array}$$

(13)
$$\begin{array}{r} 26 \\ +48 \\ \hline \end{array}$$

(18)
$$\begin{array}{r} 46 \\ +39 \\ \hline \end{array}$$

(4)
$$\begin{array}{r} 54 \\ +26 \\ \hline \end{array}$$

(9)
$$\begin{array}{r} 29 \\ +67 \\ \hline \end{array}$$

(14)
$$\begin{array}{r} 35 \\ +57 \\ \hline \end{array}$$

(19)
$$\begin{array}{r} 24 \\ +66 \\ \hline \end{array}$$

(5)
$$\begin{array}{r} 38 \\ +58 \\ \hline \end{array}$$

(10)
$$\begin{array}{r} 65 \\ +33 \\ \hline \end{array}$$

(15)
$$\begin{array}{r} 59 \\ +34 \\ \hline \end{array}$$

(20)
$$\begin{array}{r} 58 \\ +39 \\ \hline \end{array}$$

 **Add.**

(1) 　 34
　　 +27

(2) 　 26
　　 +25

(3) 　 47
　　 +28

(4) 　 29
　　 +35

(5) 　 56
　　 +34

(6) 　 47
　　 +23

(7) 　 28
　　 +55

(8) 　 57
　　 +37

(9) 　 62
　　 +29

(10) 　 26
　　 +56

(11) 　 28
　　 +34

(12) 　 33
　　 +48

(13) 　 37
　　 +55

(14) 　 46
　　 +38

(15) 　 54
　　 +29

(16) 　 43
　　 +39

(17) 　 18
　　 +62

(18) 　 39
　　 +56

(19) 　 46
　　 +42

(20) 　 59
　　 +28

You've made a lot of progress.
Keep up the good work!

1 **Add.**

(1)
```
  1 4
+ 2 7
```

(2)
```
  3 5
+ 1 6
```

(3)
```
  2 7
+ 4 3
```

(4)
```
  6 3
+ 2 9
```

(5)
```
  4 7
+ 2 6
```

(6)
```
  3 8
+ 2 3
```

(7)
```
  3 6
+ 3 6
```

(8)
```
  6 6
+ 2 9
```

(9)
```
  2 7
+ 5 9
```

(10)
```
  3 7
+ 5 9
```

(11)
```
  2 6
+ 4 7
```

(12)
```
  3 6
+ 2 8
```

(13)
```
  4 8
+ 4 8
```

(14)
```
  5 8
+ 3 5
```

(15)
```
  4 7
+ 3 4
```

(16)
```
  4 5
+ 2 5
```

(17)
```
  4 6
+ 2 6
```

(18)
```
  4 7
+ 2 7
```

(19)
```
  5 7
+ 2 8
```

(20)
```
  4 9
+ 4 9
```

 **Add.**

3 points per question

(1)
```
  2 5
+ 1 6
```

(2)
```
  5 2
+ 2 9
```

(3)
```
  3 7
+ 4 6
```

(4)
```
  2 8
+ 6 6
```

(5)
```
  1 3
+ 7 8
```

(6)
```
  2 3
+ 5 8
```

(7)
```
  2 8
+ 6 8
```

(8)
```
  6 5
+ 2 6
```

(9)
```
  4 9
+ 3 8
```

(10)
```
  3 7
+ 5 9
```

(11)
```
  4 3
+ 2 7
```

(12)
```
  4 8
+ 3 4
```

(13)
```
  5 3
+ 2 9
```

(14)
```
  5 7
+ 2 8
```

(15)
```
  4 5
+ 3 7
```

(16)
```
  2 6
+ 3 8
```

(17)
```
  6 4
+ 2 6
```

(18)
```
  2 7
+ 6 3
```

(19)
```
  3 1
+ 4 9
```

(20)
```
  7 9
+ 1 9
```

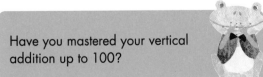

Have you mastered your vertical addition up to 100?

Addition ◆Sums up to 100

1 Add.

2 points per question

(1)
```
   4 3
 + 1 9
```

(2)
```
   2 6
 + 5 7
```

(3)
```
   1 8
 + 5 3
```

(4)
```
   3 6
 + 2 5
```

(5)
```
   4 7
 + 3 4
```

(6)
```
   6 7
 + 2 5
```

(7)
```
   4 5
 + 1 8
```

(8)
```
   3 8
 + 4 6
```

(9)
```
   3 7
 + 5 9
```

(10)
```
   5 9
 + 2 1
```

(11)
```
   2 9
 + 4 2
```

(12)
```
   5 8
 + 3 4
```

(13)
```
   2 4
 + 5 9
```

(14)
```
   6 8
 + 2 9
```

(15)
```
   4 7
 + 4 8
```

(16)
```
   6 5
 + 2 5
```

(17)
```
   3 7
 + 2 7
```

(18)
```
   5 7
 + 1 5
```

(19)
```
   2 9
 + 6 6
```

(20)
```
   3 9
 + 5 9
```

2 Add.

(1) 5 2
   + 1 6

(2) 6 4
   + 2 6

(3) 5 7
   + 2 4

(4) 4 5
   + 4 7

(5) 4 6
   + 1 8

(6) 2 7
   + 3 3

(7) 5 5
   + 2 6

(8) 7 5
   + 1 9

(9) 2 6
   + 3 9

(10) 6 9
    + 2 9

(11) 3 2
    + 4 8

(12) 5 8
    + 3 4

(13) 4 7
    + 4 7

(14) 6 5
    + 2 8

(15) 2 7
    + 6 8

(16) 3 6
    + 5 7

(17) 2 7
    + 6 7

(18) 4 8
    + 4 3

(19) 3 5
    + 5 9

(20) 2 8
    + 3 9

Well done! Now, let's move on to something new!

23 2-Digit Addition ◆Sums beyond 100

Date / / Name

Score /100

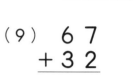

1 Add.

2 points per question

(1)
```
  4 7
+ 2 8
```

(4)
```
  8 5
+ 1 4
```

(6)
```
  2 6
+ 3 7
```

(9)
```
  6 7
+ 3 2
```

(2)
```
  5 9
+ 2 7
```

(5)
```
  8 5
+ 1 5
```
☐☐☐

(7)
```
  2 5
+ 4 8
```

(10)
```
  6 7
+ 3 3
```
☐☐☐

(3)
```
  4 8
+ 4 4
```

(8)
```
  5 6
+ 3 4
```

2 Add.

3 points per question

(1)
```
  2 6
+ 4 9
```

(4)
```
  5 5
+ 4 4
```

(6)
```
  5 2
+ 2 4
```

(9)
```
  6 8
+ 2 2
```

(2)
```
  3 3
+ 3 8
```

(5)
```
  5 5
+ 4 5
```
☐☐☐

(7)
```
  5 4
+ 4 4
```

(10)
```
  6 8
+ 3 2
```
☐☐☐

(3)
```
  4 8
+ 4 4
```

(8)
```
  3 3
+ 4 1
```

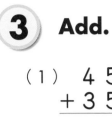 **Add.**

2 points per question

(1)
```
  45
+ 35
```

(2)
```
  36
+ 24
```

(3)
```
  46
+ 17
```

(4)
```
  65
+ 35
```
□□□

(5)
```
  65
+ 36
```
□□□

(6)
```
  29
+ 53
```

(7)
```
  39
+ 47
```

(8)
```
  49
+ 29
```

(9)
```
  59
+ 41
```
□□□

(10)
```
  59
+ 47
```
□□□

4 **Add.**

3 points per question

(1)
```
  29
+ 65
```

(2)
```
  54
+ 38
```

(3)
```
  66
+ 29
```

(4)
```
  37
+ 63
```

(5)
```
  86
+ 16
```
□□□

(6)
```
  35
+ 55
```

(7)
```
  21
+ 30
```

(8)
```
  70
+ 20
```

(9)
```
  57
+ 43
```

(10)
```
  55
+ 49
```
□□□

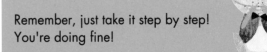

Remember, just take it step by step! You're doing fine!

2-Digit Addition ◆Sums beyond 100 ★★

1 Add.

2 points per question

(1)
$$\begin{array}{r} 46 \\ +26 \\ \hline \end{array}$$

(6)
$$\begin{array}{r} 26 \\ +69 \\ \hline \end{array}$$

(11)
$$\begin{array}{r} 59 \\ +35 \\ \hline \end{array}$$

(16)
$$\begin{array}{r} 70 \\ +20 \\ \hline \end{array}$$

(2)
$$\begin{array}{r} 29 \\ +56 \\ \hline \end{array}$$

(7)
$$\begin{array}{r} 27 \\ +68 \\ \hline \end{array}$$

(12)
$$\begin{array}{r} 26 \\ +48 \\ \hline \end{array}$$

(17)
$$\begin{array}{r} 38 \\ +43 \\ \hline \end{array}$$

(3)
$$\begin{array}{r} 17 \\ +67 \\ \hline \end{array}$$

(8)
$$\begin{array}{r} 38 \\ +46 \\ \hline \end{array}$$

(13)
$$\begin{array}{r} 29 \\ +34 \\ \hline \end{array}$$

(18)
$$\begin{array}{r} 24 \\ +76 \\ \hline \end{array}$$

(4)
$$\begin{array}{r} 53 \\ +47 \\ \hline \end{array}$$

(9)
$$\begin{array}{r} 78 \\ +22 \\ \hline \end{array}$$

(14)
$$\begin{array}{r} 61 \\ +39 \\ \hline \end{array}$$

(19)
$$\begin{array}{r} 25 \\ +76 \\ \hline \end{array}$$

(5)
$$\begin{array}{r} 59 \\ +47 \\ \hline \end{array}$$

(10)
$$\begin{array}{r} 58 \\ +49 \\ \hline \end{array}$$

(15)
$$\begin{array}{r} 35 \\ +69 \\ \hline \end{array}$$

(20)
$$\begin{array}{r} 18 \\ +86 \\ \hline \end{array}$$

2 Add.

3 points per question

(1)
```
   1 0
 + 3 0
```

(4)
```
   2 1
 + 8 0
```
□ □ □

(2)
```
   2 9
 + 1 2
```

(5)
```
   2 3
 + 8 4
```

(3)
```
   2 1
 + 7 0
```

(6)
```
   3 6
 + 2 8
```

(9)
```
   4 5
 + 7 3
```

(7)
```
   4 9
 + 4 9
```

(10)
```
   4 5
 + 8 3
```

(8)
```
   4 5
 + 6 3
```

3 Add.

3 points per question

(1)
```
   8 2
 + 1 5
```

(4)
```
   8 2
 + 4 5
```

(2)
```
   8 2
 + 2 5
```

(5)
```
   8 2
 + 5 5
```

(3)
```
   8 2
 + 3 5
```

(6)
```
   6 8
 + 2 7
```

(9)
```
   6 8
 + 5 7
```

(7)
```
   6 8
 + 3 7
```

(10)
```
   6 8
 + 6 7
```

(8)
```
   6 8
 + 4 7
```

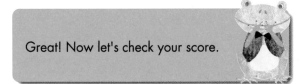

Great! Now let's check your score.

2-Digit Addition ◆Sums beyond 100

Level ★★

Date / /

Name

Score /100

1 Add.

2 points per question

(1) 46
    +38

(2) 48
    +44

(3) 48
    +54

(4) 48
    +64

(5) 48
    +74

(6) 48
    +35

(7) 48
    +45

(8) 48
    +55

(9) 48
    +65

(10) 48
    +75

(11) 26
    +47

(12) 65
    +29

(13) 25
    +75

(14) 25
    +85

(15) 25
    +95

(16) 59
    +24

(17) 63
    +44

(18) 63
    +54

(19) 63
    +64

(20) 63
    +74

 **Add.**

(1) 46
    +38

(2) 29
    +66

(3) 17
    +87

(4) 33
    +69

(5) 69
    +47

(6) 48
    +46

(7) 37
    +58

(8) 35
    +67

(9) 35
    +77

(10) 35
    +87

(11) 17
    +76

(12) 56
    +48

(13) 29
    +73

(14) 61
    +49

(15) 61
    +59

(16) 60
    +40

(17) 38
    +63

(18) 48
    +63

(19) 58
    +63

(20) 58
    +73

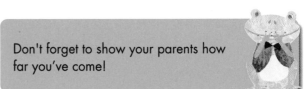

Don't forget to show your parents how far you've come!

2-Digit Addition ◆Sums beyond 100

Level ★★

Date　　/　　/

Name

Score　　/100

1　Add.

2 points per question

(1)　　30
　　+40

(2)　　40
　　+40

(3)　　50
　　+50

(4)　　50
　　+60

(5)　　50
　　+70

(6)　　30
　　+60

(7)　　30
　　+70

(8)　　30
　　+80

(9)　　30
　　+90

(10)　50
　　+90

(11)　60
　　+20

(12)　60
　　+40

(13)　60
　　+50

(14)　60
　　+70

(15)　60
　　+90

(16)　40
　　+50

(17)　40
　　+60

(18)　40
　　+70

(19)　40
　　+80

(20)　70
　　+90

② Add.

3 points per question

(1) 31
    +40

(2) 51
    +40

(3) 51
    +50

(4) 50
    +61

(5) 50
    +71

(6) 33
    +40

(7) 53
    +40

(8) 53
    +50

(9) 50
    +63

(10) 50
    +73

(11) 32
    +60

(12) 32
    +70

(13) 32
    +80

(14) 30
    +92

(15) 50
    +92

(16) 34
    +60

(17) 34
    +70

(18) 34
    +80

(19) 30
    +94

(20) 50
    +94

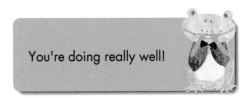

You're doing really well!

27

2-Digit Addition ◆Sums beyond 100 ★★

Level

Date / /

Name

Score

/100

1 Add.

2 points per question

(1)   30
     +50

(2)   80
     +50

(3)   90
     +20

(4)   40
     +80

(5)   60
     +80

(6)   58
     +37

(7)   58
     +47

(8)   58
     +57

(9)   58
     +67

(10)   58
     +77

(11)   37
     +51

(12)   82
     +54

(13)   97
     +22

(14)   54
     +82

(15)   64
     +83

(16)   48
     +43

(17)   48
     +54

(18)   48
     +65

(19)   68
     +76

(20)   78
     +89

2 Add.

(1) 40
    +50

(2) 40
    +60

(3) 50
    +60

(4) 50
    +70

(5) 50
    +80

(6) 31
    +63

(7) 33
    +75

(8) 45
    +72

(9) 43
    +78

(10) 43
    +88

(11) 60
    +22

(12) 62
    +43

(13) 64
    +65

(14) 66
    +72

(15) 67
    +91

(16) 49
    +50

(17) 48
    +63

(18) 37
    +84

(19) 38
    +94

(20) 53
    +98

Don't forget to check your answers when you're done.

2-Digit Addition ◆Sums beyond 100

1 Add.

2 points per question

(1)
```
   3 3
 + 4 0
```

(2)
```
   5 3
 + 4 0
```

(3)
```
   5 3
 + 5 0
```

(4)
```
   5 0
 + 6 3
```

(5)
```
   5 0
 + 7 3
```

(6)
```
   3 4
 + 6 0
```

(7)
```
   3 4
 + 7 0
```

(8)
```
   3 4
 + 8 0
```

(9)
```
   3 0
 + 9 4
```

(10)
```
   6 0
 + 9 4
```

(11)
```
   6 3
 + 2 0
```

(12)
```
   6 3
 + 5 8
```

(13)
```
   6 3
 + 6 8
```

(14)
```
   6 3
 + 7 8
```

(15)
```
   6 3
 + 8 8
```

(16)
```
   4 2
 + 5 3
```

(17)
```
   4 2
 + 6 3
```

(18)
```
   4 8
 + 7 7
```

(19)
```
   4 8
 + 8 5
```

(20)
```
   4 5
 + 9 8
```

2 Add.

(1)
```
   2 7
 + 8 1
```

(2)
```
   8 2
 + 5 3
```

(3)
```
   9 7
 + 2 2
```

(4)
```
   5 4
 + 8 2
```

(5)
```
   5 4
 + 8 6
```

(6)
```
   2 8
 + 4 7
```

(7)
```
   4 8
 + 3 7
```

(8)
```
   5 8
 + 4 7
```

(9)
```
   8 3
 + 7 2
```

(10)
```
   7 1
 + 5 1
```

(11)
```
   4 7
 + 2 4
```

(12)
```
   5 7
 + 4 4
```

(13)
```
   7 5
 + 4 6
```

(14)
```
   5 7
 + 7 9
```

(15)
```
   5 6
 + 8 4
```

(16)
```
   2 8
 + 4 5
```

(17)
```
   7 8
 + 4 5
```

(18)
```
   7 8
 + 5 2
```

(19)
```
   8 6
 + 5 7
```

(20)
```
   7 6
 + 6 6
```

If a problem looks tricky, just think about it a bit more!

1 Add.

2 points per question

(1)   4 4
    + 2 3

(2)   5 4
    + 2 3

(3)   5 4
    + 5 3

(4)   6 4
    + 7 3

(5)   8 4
    + 7 3

(6)   5 0
    + 3 9

(7)   6 2
    + 3 9

(8)   7 2
    + 4 5

(9)   9 2
    + 8 7

(10)   6 2
     + 8 8

(11)   2 8
     + 1 3

(12)   3 8
     + 4 3

(13)   5 8
     + 4 3

(14)   6 8
     + 5 3

(15)   7 8
     + 9 3

(16)   6 9
     + 3 6

(17)   4 9
     + 5 6

(18)   8 9
     + 6 2

(19)   9 9
     + 6 2

(20)   9 9
     + 7 2

2 Add.

3 points per question

(1)
$$70 + 30$$

(6)
$$60 + 40$$

(11)
$$80 + 50$$

(16)
$$69 + 42$$

(2)
$$70 + 40$$

(7)
$$63 + 42$$

(12)
$$83 + 42$$

(17)
$$69 + 52$$

(3)
$$70 + 50$$

(8)
$$54 + 48$$

(13)
$$74 + 60$$

(18)
$$69 + 72$$

(4)
$$70 + 60$$

(9)
$$17 + 86$$

(14)
$$26 + 74$$

(19)
$$69 + 82$$

(5)
$$70 + 70$$

(10)
$$73 + 28$$

(15)
$$43 + 85$$

(20)
$$69 + 92$$

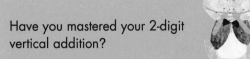

Have you mastered your 2-digit vertical addition?

2-Digit Addition ◆Sums beyond 100

Level ★★

Date / /

Name

Score /100

1 Add.

2 points per question

(1)
```
   4 6
 + 3 7
```

(6)
```
   2 8
 + 6 3
```

(11)
```
   3 9
 + 5 3
```

(16)
```
   4 5
 + 5 5
```

(2)
```
   4 6
 + 4 7
```

(7)
```
   4 8
 + 7 3
```

(12)
```
   4 9
 + 8 3
```

(17)
```
   5 5
 + 5 5
```

(3)
```
   4 6
 + 5 7
```

(8)
```
   6 8
 + 8 3
```

(13)
```
   6 9
 + 7 3
```

(18)
```
   6 5
 + 5 5
```

(4)
```
   4 6
 + 6 7
```

(9)
```
   7 8
 + 8 3
```

(14)
```
   8 9
 + 5 3
```

(19)
```
   7 5
 + 5 5
```

(5)
```
   5 6
 + 7 7
```

(10)
```
   9 8
 + 8 3
```

(15)
```
   9 9
 + 4 3
```

(20)
```
   9 5
 + 5 5
```

2 Add.

(1)
```
  6 0
+ 8 0
```

(2)
```
  3 8
+ 8 0
```

(3)
```
  8 5
+ 4 3
```

(4)
```
  3 3
+ 8 9
```

(5)
```
  6 9
+ 3 7
```

(6)
```
  3 8
+ 7 5
```

(7)
```
  9 7
+ 5 8
```

(8)
```
  3 9
+ 6 7
```

(9)
```
  6 8
+ 3 6
```

(10)
```
  5 8
+ 6 9
```

(11)
```
  8 7
+ 7 6
```

(12)
```
  7 6
+ 4 8
```

(13)
```
  6 9
+ 3 3
```

(14)
```
  8 1
+ 3 9
```

(15)
```
  6 5
+ 5 9
```

(16)
```
  4 7
+ 6 7
```

(17)
```
  4 4
+ 7 6
```

(18)
```
  9 8
+ 4 6
```

(19)
```
  4 6
+ 8 9
```

(20)
```
  8 9
+ 5 6
```

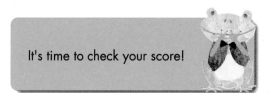

It's time to check your score!

2-Digit Addition ◆Sums beyond 100

Level ★★

Date   /   /

Name

Score   /100

1 Add.

2 points per question

(1)   5 3
     + 2 7

(6)   3 9
     + 4 7

(11)   1 9
     + 7 7

(16)   5 5
     + 2 8

(2)   4 8
     + 3 3

(7)   2 8
     + 5 9

(12)   2 7
     + 4 9

(17)   8 6
     + 4 7

(3)   6 5
     + 4 3

(8)   4 1
     + 6 9

(13)   3 1
     + 8 4

(18)   9 9
     + 5 0

(4)   7 7
     + 6 5

(9)   6 9
     + 3 6

(14)   9 2
     + 4 9

(19)   2 5
     + 7 8

(5)   8 7
     + 4 7

(10)   5 9
     + 8 2

(15)   8 6
     + 6 5

(20)   9 6
     + 7 5

2 **Add.**

(1)
```
   7 1
 + 8 1
```

(2)
```
   6 0
 + 4 1
```

(3)
```
   6 6
 + 3 4
```

(4)
```
   5 3
 + 7 8
```

(5)
```
   3 5
 + 5 8
```

(6)
```
   2 9
 + 6 5
```

(7)
```
   4 9
 + 6 4
```

(8)
```
   7 3
 + 4 8
```

(9)
```
   2 9
 + 6 8
```

(10)
```
   2 7
 + 5 7
```

(11)
```
   3 9
 + 6 5
```

(12)
```
   8 3
 + 5 8
```

(13)
```
   7 2
 + 8 2
```

(14)
```
   8 7
 + 4 8
```

(15)
```
   3 2
 + 7 9
```

(16)
```
   8 6
 + 7 8
```

(17) $88 + 41 =$

(18) $37 + 72 =$

(19) $68 + 41 =$

(20) $20 + 93 =$

Did you remember your horizontal addition?

1 **Add.**

2 points per question

(1)
```
  5 6
+ 3 0
```

(2)
```
  2 0
+ 4 0
```

(3)
```
  7 0
+ 6 8
```

(4)
```
  7 8
+ 6 6
```

(5)
```
  3 9
+ 4 8
```

(6)
```
  2 8
+ 9 0
```

(7)
```
  4 1
+ 8 3
```

(8)
```
  6 9
+ 3 7
```

(9)
```
  1 8
+ 7 8
```

(10)
```
  8 7
+ 5 0
```

(11)
```
  3 8
+ 4 5
```

(12)
```
  8 7
+ 5 8
```

(13)
```
  7 4
+ 8 2
```

(14)
```
  8 6
+ 4 8
```

(15)
```
  3 9
+ 7 1
```

(16)
```
  8 5
+ 7 7
```

(17) $71 + 48 =$

(18) $63 + 66 =$

(19) $57 + 33 =$

(20) $68 + 41 =$

2 Add.

3 points per question

(1)
```
  5 3
+ 3 0
```

(2)
```
  2 4
+ 4 2
```

(3)
```
  3 0
+ 6 0
```

(4)
```
  8 2
+ 5 1
```

(5)
```
  5 2
+ 4 9
```

(6)
```
  2 8
+ 9 2
```

(7)
```
  4 7
+ 8 5
```

(8)
```
  6 8
+ 4 9
```

(9)
```
  1 8
+ 9 0
```

(10)
```
  8 7
+ 5 2
```

(11)
```
  9 0
+ 3 7
```

(12)
```
  8 7
+ 5 6
```

(13)
```
  6 7
+ 4 8
```

(14)
```
  4 9
+ 5 3
```

(15)
```
  8 6
+ 5 4
```

(16)
```
  9 8
+ 8 3
```

(17) $78 + 50 =$

(18) $70 + 68 =$

(19) $57 + 92 =$

(20) $43 + 76 =$

Don't forget to check your answers when you're done.

33

2-Digit Addition ♦Sums beyond 100

Level ★★

Date   /   /

Name

Score

/100

1 **Add.**

2 points per question

(1)　　8 5
　　+4 3

(2)　　3 3
　　+8 9

(3)　　6 9
　　+4 7

(4)　　5 8
　　+7 6

(5)　　9 7
　　+5 8

(6)　　7 9
　　+6 7

(7)　　6 8
　　+5 5

(8)　　7 8
　　+8 9

(9)　　6 9
　　+3 3

(10)　　8 1
　　+3 9

(11)　　6 5
　　+5 9

(12)　　6 7
　　+7 7

(13)　　4 4
　　+7 6

(14)　　9 8
　　+4 6

(15)　　6 6
　　+8 9

(16)　　7 9
　　+8 6

(17) $75 + 80 =$

(18) $34 + 85 =$

(19) $48 + 76 =$

(20) $76 + 87 =$

2 Add.

(1)
```
  5 4
+ 2 9
```

(2)
```
  5 9
+ 4 5
```

(3)
```
  6 6
+ 4 5
```

(4)
```
  5 8
+ 6 7
```

(5)
```
  5 6
+ 7 7
```

(6)
```
  7 4
+ 8 9
```

(7)
```
  8 6
+ 8 8
```

(8)
```
  8 9
+ 9 1
```

(9)
```
  2 4
+ 7 8
```

(10)
```
  4 5
+ 7 8
```

(11)
```
  4 7
+ 8 6
```

(12)
```
  8 3
+ 5 9
```

(13)
```
  6 5
+ 7 9
```

(14)
```
  6 9
+ 7 3
```

(15)
```
  8 7
+ 7 9
```

(16)
```
  9 6
+ 8 7
```

(17) $78 + 19 =$

(18) $27 + 67 =$

(19) $62 + 56 =$

(20) $24 + 94 =$

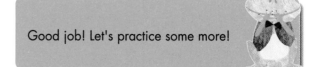

Good job! Let's practice some more!

2-Digit Addition ◆Sums beyond 100

Level ★★

Date / /

Name

Score /100

1 Add.

2 points per question

(1)   3 4
    + 4 5

(2)   4 8
    + 2 1

(3)   2 6
    + 3 4

(4)   2 7
    + 5 6

(5)   6 5
    + 2 6

(6)   4 5
    + 2 8

(7)   5 3
    + 4 7

(8)   2 8
    + 6 5

(9)   3 7
    + 3 5

(10)   2 5
    + 5 8

(11)   2 7
    + 3 3

(12)   5 7
    + 4 8

(13)   5 8
    + 2 8

(14)   4 3
    + 3 9

(15)   4 8
    + 2 6

(16)   1 6
    + 6 6

(17)   4 8
    + 4 3

(18)   5 8
    + 5 6

(19)   5 9
    + 1 6

(20)   3 9
    + 4 9

2 Add.

(1)   70
   + 60

(2)   84
   + 33

(3)   22
   + 85

(4)   32
   + 88

(5)   59
   + 37

(6)   72
   + 64

(7)   81
   + 15

(8)   65
   + 55

(9)   38
   + 77

(10)   97
   + 8

(11)   39
   + 65

(12)   48
   + 79

(13)   60
   + 40

(14)   37
   + 77

(15)   44
   + 66

(16)   78
   + 67

(17)   47
   + 85

(18)   30
   + 92

(19)   49
   + 33

(20)   75
   + 33

If you're not sure about your answer, it never hurts to try again!

2-Digit Addition ◆Sums beyond 100

Level ★★

Date / /

Name

Score /100

1 Add.

2 points per question

(1)   8 1
    + 6 2

(2)   7 0
    + 4 1

(3)   5 5
    + 7 6

(4)   6 9
    + 4 5

(5)   1 8
    + 8 5

(6)   8
    + 5 6

(7)   2 9
    + 7 5

(8)   8 8
    + 5 3

(9)   3 6
    + 5 2

(10)   3 0
    + 6 5

(11)   7 2
    + 4 9

(12)   8 5
    + 5 1

(13)   7 3
    + 8 3

(14)   8 9
    + 4 5

(15)   3 1
    + 7 9

(16)   8 6
    +   8

(17)   3 8
    + 7 1

(18)   2 0
    + 5 6

(19)   4 0
    + 3 0

(20)   6
    + 7 8

② Add.

(1)
```
  7 6
+ 6 8
```

(2)
```
  7 8
+ 1 8
```

(3)
```
  5 7
+ 8 0
```

(4)
```
  3 5
+ 4 8
```

(5)
```
  8 6
+ 5 9
```

(6)
```
    9
+ 4 8
```

(7)
```
  2 0
+ 9 8
```

(8)
```
  4 3
+ 8 1
```

(9)
```
  6 7
+ 3 9
```

(10)
```
  2 7
+   3
```

(11)
```
  7 2
+ 8 1
```

(12)
```
  5 8
+ 7 6
```

(13)
```
  7 9
+ 3 1
```

(14)
```
  2 7
+ 9 6
```

(15)
```
  5 3
+   9
```

(16)
```
  4 1
+ 7 2
```

(17)
```
  8 0
+ 7 9
```

(18)
```
  1 2
+ 4 3
```

(19)
```
  5 9
+ 7 7
```

(20)
```
  8 6
+ 4 8
```

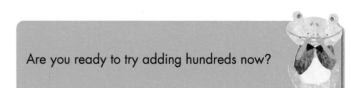

Are you ready to try adding hundreds now?

1 **Add.**

2 points per question

(1) 100+100=200

(2) 200+100=300

(3) 300+100=

(4) 500+100=

(5) 100+200=

(6) 300+200=

(7) 500+200=

(8) 700+200=

(9) 100+300=

(10) 200+300=

(11) 500+300=

(12) 600+300=

(13) 600+400=1000

(14) 200+400=

(15) 400+400=

(16) 500+500=

(17) 100+500=

(18) 300+500=

(19) 400+500=

(20) 100+600=

(21) 200+600=

(22) 400+600=

(23) 100+700=

(24) 300+700=

(25) 100+800=

Add.

(1) 500+100=

(2) 600+100=

(3) 700+100=

(4) 800+100=

(5) 800+200=

(6) 700+200=

(7) 600+200=

(8) 500+200=

(9) 500+300=

(10) 600+300=

(11) 700+300=

(12) 700+400=

(13) 800+400=

(14) 600+400=

(15) 600+500=

(16) 700+500=

(17) 700+600=

(18) 400+600=

(19) 500+600=

(20) 500+700=

(21) 400+700=

(22) 300+700=

(23) 300+800=

(24) 400+800=

(25) 200+900=

Nice work! Now let's mix it up a bit!

1 Add.

2 points per question

(1) 100+10=

(2) 200+10=

(3) 300+10=

(4) 100+30=

(5) 200+30=

(6) 300+30=

(7) 200+60=

(8) 300+60=

(9) 400+60=

(10) 400+40=

(11) 500+40=

(12) 600+40=

(13) 700+40=

(14) 200+40=

(15) 200+50=

(16) 300+20=

(17) 300+70=

(18) 500+60=

(19) 500+80=

(20) 600+10=

(21) 700+70=

(22) 700+90=

(23) 800+10=

(24) 800+60=

(25) 900+20=

(1) $100 + 1 =$

(2) $200 + 1 =$

(3) $500 + 1 =$

(4) $100 + 3 =$

(5) $300 + 3 =$

(6) $200 + 6 =$

(7) $400 + 6 =$

(8) $400 + 4 =$

(9) $500 + 4 =$

(10) $700 + 4 =$

(11) $600 + 5 =$

(12) $400 + 5 =$

(13) $400 + 8 =$

(14) $300 + 4 =$

(15) $500 + 4 =$

(16) $500 + 8 =$

(17) $600 + 3 =$

(18) $600 + 5 =$

(19) $700 + 4 =$

(20) $700 + 7 =$

(21) $700 + 9 =$

(22) $800 + 1 =$

(23) $800 + 4 =$

(24) $900 + 6 =$

(25) $900 + 8 =$

You thought hundreds were big?
Wait till you see what's next!

38 4-Digit Addition

Date / /

Name

Level ★★★

Score /100

1 Add.

4 points per question

(1) 1000+1000=

(2) 2000+1000=

(3) 4000+1000=

(4) 1000+3000=

(5) 2000+3000=

(6) 6000+3000=

(7) 6000+4000=

(8) 3000+4000=

(9) 3000+5000=

(10) 1000+7000=

(11) 3000+7000=

(12) 8000+2000=

Add.

(1) 1000+100=

(2) 2000+100=

(3) 4000+100=

(4) 1000+300=

(5) 3000+300=

(6) 2000+600=

(7) 4000+600=

(8) 4000+800=

(9) 5000+800=

(10) 5000+200=

(11) 8000+200=

(12) 8000+500=

(13) 7000+500=

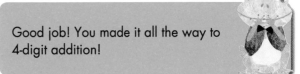

Good job! You made it all the way to 4-digit addition!

Three Numbers ◆Addition

Level ★★

Date / /

Name

Score /100

1 Calculate the expressions in the parentheses first and then find the total.

2 points per question

(1) (6 + 4) + 5 =

(2) 6 + (4 + 5) =

(3) (6 + 13) + 7 =

(4) 6 + (13 + 7) =

(5) (5 + 9) + 21 =

(6) 5 + (9 + 21) =

(7) (12 + 18) + 24 =

(8) 12 + (18 + 24) =

Add the numbers in the parentheses first. For each pair of questions like (1) and (2), which way was easier?

2 Find the easiest way to calculate each expression in order to find the answer.

3 points per question

(1) 3 + 7 + 8 =

(2) 5 + 8 + 2 =

(3) 9 + 11 + 6 =

(4) 8 + 16 + 4 =

(5) 22 + 8 + 14 =

(6) 15 + 7 + 23 =

(7) 17 + 21 + 19 =

(8) 35 + 15 + 23 =

3 Calculate the expressions in the parentheses first and then find the total.

3 points per question

(1) $(7+3)+4=$

(2) $(24+6)+8=$

(3) $(9+31)+28=$

(4) $(32+18)+14=$

(5) $7+(6+44)=$

(6) $24+(5+5)=$

(7) $8+(23+37)=$

(8) $16+(13+27)=$

4 Find the easiest way to calculate each expression in order to find the answer.

3 points per question

(1) $6+8+2=$

(2) $7+3+8=$

(3) $5+15+3=$

(4) $4+24+6=$

(5) $32+8+42=$

(6) $25+4+36=$

(7) $8+4+16=$

(8) $13+17+5=$

(9) $23+38+22=$

(10) $7+25+45=$

(11) $5+37+15=$

(12) $16+23+34=$

Wow, this is really tough. Well done.

40

Three Numbers ◆Addition

Level ★★
Score /100

Date / /

Name

1 Add.

4 points per question

(1)
```
    2
    3
+   4
─────
```

(2)
```
  1 2
  3 4
+ 4 3
─────
```

(3)
```
    4
    7
+   5
─────
```

(4)
```
  3 5
  2 1
+ 3 7
─────
```

(5)
```
    6
    9
+   8
─────
```

(6)
```
  4 8
  1 7
+ 2 6
─────
```

2 Add.

4 points per question

(1)
```
  2 1
  4 5
+ 3 3
─────
```

(2)
```
  3 2
  1 5
+ 4 4
─────
```

(3)
```
  3 6
  2 5
+ 3 4
─────
```

(4)
```
  4 3
  2 8
+ 1 9
─────
```

(5)
```
  4 2
  5 4
+ 3 1
─────
```

(6)
```
  3 8
  5 6
+ 2 7
─────
```

3 Add.

(1)
```
   3 4
   1 2
 + 4 3
```

(2)
```
   2 6
   3 5
 + 2 4
```

(3)
```
   3 1
   5 6
 + 7 2
```

(4)
```
   3 7
   4 5
 + 5 1
```

(5)
```
   5 2
   2 9
 + 6 3
```

(6)
```
   4 6
   2 1
 + 1 7
```

(7)
```
   1 5
   3 1
 + 3 4
```

(8)
```
   2 8
   6 2
 + 4 3
```

(9)
```
   4 3
   2 5
 + 1 6
```

(10)
```
   4 2
   5 6
 + 1 7
```

(11)
```
   2 3
   2 7
 + 3 9
```

(12)
```
   3 5
   4 7
 + 6 8
```

(13)
```
   4 6
   5 2
 + 6 7
```

Remember, just take it step by step!
You're doing great!

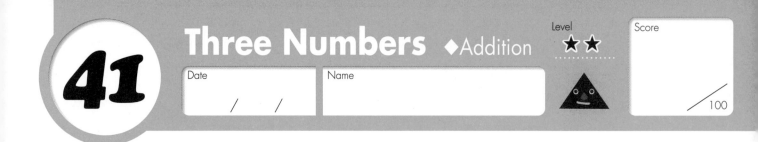

Three Numbers ◆Addition

41

Date / /

Name

Level ★ ★

Score /100

---

1 **Add.**

4 points per question

(1) $(8+2)+6=$

(2) $18+(2+8)=$

(3) $7+3+33=$

(4) $15+8+22=$

(5) $17+24+26=$

(6) $(9+1)+16=$

(7) $6+15+55=$

(8) $28+(4+6)=$

(9) $(13+7)+56=$

(10) $47+16+24=$

(11) $30+(14+36)=$

(12) $25+6+44=$

82   © Kumon Publishing Co., Ltd.

2 **Add.**

(1) $35+(17+43)=$

(2) $(11+39)+46=$

(3) $17+6+33=$

(4) $5+28+52=$

(5) $35+15+8=$

(6) $17+13+28=$

(7) $22+14+8=$

(8) $35+19+21=$

(9) $18+15+35=$

(10) $(17+33)+26=$

(11) $18+45+32=$

(12) $41+(16+44)=$

(13) $43+8+17=$

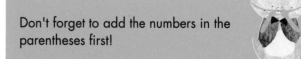

Don't forget to add the numbers in the parentheses first!

83

1 Add.

4 points per question

(1)
```
   1 4
   2 3
 + 4 2
```

(2)
```
   3 4
   1 2
 + 3 3
```

(3)
```
   4 5
   1 1
 + 2 7
```

(4)
```
   3 8
   2 7
 + 3 6
```

(5)
```
   3 1
   2 5
 + 3 4
```

(6)
```
   2 6
   4 5
 + 1 3
```

(7)
```
   3 2
   5 4
 +   1
```

(8)
```
   3 3
   1 8
 + 4 9
```

(9)
```
   4 2
     5
 + 1 4
```

(10)
```
   4 8
   5 6
 + 3 7
```

(11)
```
   2 4
     7
 + 3 5
```

(12)
```
     6
   2 9
 + 3 8
```

2 Add.

4 points per question

(1)
```
   4 4
   2 2
 + 1 3
```

(2)
```
   1 6
   3 5
 + 3 4
```

(3)
```
   2 1
   6 6
 +   2
```

(4)
```
   4 7
   2 5
 + 1 1
```

(5)
```
   4 2
   5 9
 + 1 3
```

(6)
```
     6
   2 1
 + 3 7
```

(7)
```
   3 5
   4 1
 + 6 4
```

(8)
```
   4 8
   5 2
 + 6 3
```

(9)
```
   3 3
   4 5
 +   6
```

(10)
```
   5 2
   2 6
 + 6 7
```

(11)
```
   3 3
   1 7
 + 4 9
```

(12)
```
   2 5
   3 7
 + 2 8
```

(13)
```
   3 6
   5 2
 + 7 7
```

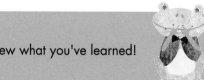

OK! It's time to review what you've learned!

85

1 Add.

2 points per question

(1) $10 + 3 =$

(2) $13 + 4 =$

(3) $15 + 5 =$

(4) $15 + 8 =$

(5) $19 + 7 =$

(6) $50 + 10 =$

(7) $60 + 40 =$

(8) $70 + 80 =$

(9) $90 + 3 =$

(10) $60 + 7 =$

(11) $4 + 30 =$

(12) $32 + 6 =$

(13) $61 + 8 =$

(14) $5 + 43 =$

2 Add.

3 points per question

(1)
$$\begin{array}{r} 12 \\ +\ 6 \\ \hline \end{array}$$

(2)
$$\begin{array}{r} 23 \\ +18 \\ \hline \end{array}$$

(3)
$$\begin{array}{r} 49 \\ +34 \\ \hline \end{array}$$

(4)
$$\begin{array}{r} 18 \\ +\ 9 \\ \hline \end{array}$$

(5)
$$\begin{array}{r} 33 \\ +57 \\ \hline \end{array}$$

(6)
$$\begin{array}{r} 53 \\ +44 \\ \hline \end{array}$$

(7)
$$\begin{array}{r} 24 \\ +14 \\ \hline \end{array}$$

(8)
$$\begin{array}{r} 68 \\ +18 \\ \hline \end{array}$$

(9)
$$\begin{array}{r} 36 \\ +43 \\ \hline \end{array}$$

(10)
$$\begin{array}{r} 34 \\ +46 \\ \hline \end{array}$$

(11)
$$\begin{array}{r} 47 \\ +29 \\ \hline \end{array}$$

(12)
$$\begin{array}{r} 28 \\ +53 \\ \hline \end{array}$$

3 Add.

(1) $\begin{array}{r} 24 \\ +60 \\ \hline \end{array}$

(6) $\begin{array}{r} 67 \\ +19 \\ \hline \end{array}$

(11) $\begin{array}{r} 50 \\ +83 \\ \hline \end{array}$

(2) $\begin{array}{r} 63 \\ +65 \\ \hline \end{array}$

(7) $\begin{array}{r} 36 \\ +77 \\ \hline \end{array}$

(12) $88 + 41 =$

(3) $\begin{array}{r} 45 \\ +73 \\ \hline \end{array}$

(8) $\begin{array}{r} 79 \\ +23 \\ \hline \end{array}$

(13) $57 + 92 =$

(4) $\begin{array}{r} 54 \\ +46 \\ \hline \end{array}$

(9) $\begin{array}{r} 25 \\ +95 \\ \hline \end{array}$

(14) $63 + 70 =$

(5) $\begin{array}{r} 98 \\ +65 \\ \hline \end{array}$

(10) $\begin{array}{r} 89 \\ +64 \\ \hline \end{array}$

4 Add.

(1) $16 + 27 + 23 =$

(2) $42 + 38 + 25 =$

(3) $\begin{array}{r} 23 \\ 54 \\ +18 \\ \hline \end{array}$

(4) $\begin{array}{r} 39 \\ 47 \\ +62 \\ \hline \end{array}$

Congratulations! You are ready for **Grade 2 Subtraction**!

1 Review ◆Addition 1 to 9 — pp 2, 3

1
(1) 5		(14) 11	
(2) 7		(15) 12	
(3) 10		(16) 9	
(4) 9		(17) 12	
(5) 6		(18) 6	
(6) 9		(19) 10	
(7) 6		(20) 13	
(8) 10		(21) 7	
(9) 8		(22) 12	
(10) 11		(23) 11	
(11) 6		(24) 14	
(12) 10		(25) 10	
(13) 9			

2
(1) 9		(14) 12	
(2) 11		(15) 14	
(3) 10		(16) 11	
(4) 13		(17) 15	
(5) 15		(18) 17	
(6) 12		(19) 16	
(7) 11		(20) 11	
(8) 14		(21) 13	
(9) 12		(22) 14	
(10) 15		(23) 17	
(11) 13		(24) 16	
(12) 16		(25) 18	
(13) 13			

2 Review ◆Addition up to 14 — pp 4, 5

1
(1) 8		(14) 11	
(2) 10		(15) 14	
(3) 8		(16) 10	
(4) 10		(17) 10	
(5) 8		(18) 13	
(6) 10		(19) 11	
(7) 12		(20) 10	
(8) 8		(21) 13	
(9) 11		(22) 14	
(10) 10		(23) 12	
(11) 14		(24) 10	
(12) 13		(25) 14	
(13) 9			

2
(1) 9		(14) 9	
(2) 13		(15) 11	
(3) 12		(16) 10	
(4) 14		(17) 12	
(5) 11		(18) 14	
(6) 11		(19) 10	
(7) 13		(20) 10	
(8) 9		(21) 14	
(9) 13		(22) 12	
(10) 14		(23) 12	
(11) 13		(24) 10	
(12) 11		(25) 13	
(13) 11			

3 Review ◆Addition up to 18 — pp 6, 7

1
(1) 12		(14) 17	
(2) 11		(15) 15	
(3) 12		(16) 15	
(4) 11		(17) 10	
(5) 14		(18) 15	
(6) 13		(19) 16	
(7) 14		(20) 11	
(8) 15		(21) 12	
(9) 13		(22) 14	
(10) 15		(23) 12	
(11) 13		(24) 15	
(12) 15		(25) 18	
(13) 15			

2
(1) 13		(14) 15	
(2) 13		(15) 10	
(3) 12		(16) 17	
(4) 14		(17) 14	
(5) 16		(18) 9	
(6) 11		(19) 12	
(7) 13		(20) 14	
(8) 11		(21) 18	
(9) 14		(22) 12	
(10) 15		(23) 12	
(11) 11		(24) 18	
(12) 13		(25) 13	
(13) 10			

4 Review — pp 8, 9

1
(1) 7		(14) 11	
(2) 9		(15) 14	
(3) 7		(16) 11	
(4) 11		(17) 10	
(5) 7		(18) 13	
(6) 10		(19) 13	
(7) 10		(20) 11	
(8) 9		(21) 11	
(9) 8		(22) 9	
(10) 14		(23) 9	
(11) 13		(24) 14	
(12) 10		(25) 11	
(13) 9			

2
(1) 10		(14) 7	
(2) 12		(15) 7	
(3) 11		(16) 9	
(4) 11		(17) 14	
(5) 11		(18) 18	
(6) 11		(19) 11	
(7) 16		(20) 12	
(8) 11		(21) 10	
(9) 13		(22) 10	
(10) 10		(23) 12	
(11) 15		(24) 13	
(12) 16		(25) 16	
(13) 17			

Advice

If you scored over 85 on this section, review the questions you got wrong and continue to the next section.

If you scored between 75 and 84 on this section, go back and review the beginning of this workbook before moving on.

If you scored less than 74 on this section, it might be a good idea to go back to our "Grade 1 Addition" book and do an extended review of Addition.

5 Addition ◆Sums up to 20 — pp 10, 11

1
(1) 10	(14) 17
(2) 11	(15) 18
(3) 12	(16) 19
(4) 13	(17) 20
(5) 12	(18) 18
(6) 13	(19) 19
(7) 14	(20) 20
(8) 15	(21) 19
(9) 16	(22) 20
(10) 17	(23) 18
(11) 16	(24) 19
(12) 17	(25) 20
(13) 18	

2
(1) 11	(14) 15
(2) 13	(15) 17
(3) 15	(16) 20
(4) 18	(17) 17
(5) 13	(18) 19
(6) 14	(19) 20
(7) 19	(20) 17
(8) 20	(21) 19
(9) 13	(22) 19
(10) 16	(23) 20
(11) 20	(24) 20
(12) 18	(25) 20
(13) 20	

6 Addition ◆Sums up to 24 — pp 12, 13

1
(1) 14	(14) 18
(2) 16	(15) 20
(3) 18	(16) 22
(4) 15	(17) 20
(5) 17	(18) 21
(6) 19	(19) 22
(7) 16	(20) 23
(8) 18	(21) 21
(9) 20	(22) 22
(10) 17	(23) 23
(11) 19	(24) 24
(12) 20	(25) 21
(13) 21	

2
(1) 17	(14) 21
(2) 19	(15) 22
(3) 20	(16) 23
(4) 20	(17) 24
(5) 22	(18) 21
(6) 18	(19) 22
(7) 20	(20) 23
(8) 22	(21) 24
(9) 20	(22) 21
(10) 22	(23) 22
(11) 24	(24) 23
(12) 22	(25) 24
(13) 24	

7 Addition ◆Sums up to 28 — pp 14, 15

1
(1) 17	(14) 21
(2) 18	(15) 22
(3) 19	(16) 23
(4) 20	(17) 24
(5) 19	(18) 22
(6) 20	(19) 23
(7) 21	(20) 24
(8) 20	(21) 25
(9) 21	(22) 23
(10) 22	(23) 24
(11) 21	(24) 25
(12) 22	(25) 26
(13) 23	

2
(1) 17	(14) 22
(2) 19	(15) 23
(3) 21	(16) 25
(4) 23	(17) 26
(5) 19	(18) 27
(6) 21	(19) 25
(7) 23	(20) 24
(8) 24	(21) 26
(9) 19	(22) 27
(10) 21	(23) 26
(11) 23	(24) 25
(12) 24	(25) 28
(13) 25	

8 Addition of Tens — pp 16, 17

1
(1) 20	(14) 60
(2) 30	(15) 80
(3) 40	(16) 100
(4) 60	(17) 60
(5) 30	(18) 80
(6) 50	(19) 90
(7) 70	(20) 70
(8) 90	(21) 80
(9) 40	(22) 100
(10) 50	(23) 80
(11) 80	(24) 100
(12) 90	(25) 90
(13) 100	

2
(1) 60	(14) 100
(2) 70	(15) 110
(3) 80	(16) 120
(4) 90	(17) 130
(5) 100	(18) 100
(6) 90	(19) 110
(7) 80	(20) 120
(8) 70	(21) 110
(9) 80	(22) 100
(10) 90	(23) 110
(11) 100	(24) 120
(12) 110	(25) 110
(13) 120	

9 Addition of Tens — pp 18, 19

1
(1) 11	(14) 75
(2) 21	(15) 65
(3) 31	(16) 45
(4) 13	(17) 48
(5) 23	(18) 58
(6) 33	(19) 88
(7) 26	(20) 82
(8) 36	(21) 72
(9) 46	(22) 52
(10) 44	(23) 32
(11) 54	(24) 37
(12) 64	(25) 57
(13) 74	

2
(1) 24	(14) 61
(2) 27	(15) 63
(3) 29	(16) 65
(4) 32	(17) 74
(5) 35	(18) 77
(6) 37	(19) 79
(7) 38	(20) 81
(8) 43	(21) 84
(9) 45	(22) 86
(10) 49	(23) 92
(11) 54	(24) 96
(12) 56	(25) 98
(13) 58	

10 Addition ◆2-Digits +1-Digit — pp 20, 21

1
(1) 28	(14) 48
(2) 38	(15) 58
(3) 58	(16) 78
(4) 78	(17) 98
(5) 18	(18) 19
(6) 28	(19) 39
(7) 38	(20) 69
(8) 17	(21) 89
(9) 27	(22) 27
(10) 47	(23) 37
(11) 19	(24) 57
(12) 39	(25) 77
(13) 59	

2
(1) 19	(14) 69
(2) 19	(15) 67
(3) 29	(16) 67
(4) 29	(17) 77
(5) 39	(18) 77
(6) 38	(19) 79
(7) 37	(20) 89
(8) 47	(21) 89
(9) 48	(22) 87
(10) 47	(23) 97
(11) 57	(24) 98
(12) 59	(25) 98
(13) 59	

11 Addition ◆1-Digit +2-Digits pp 22, 23

1
(1) 18	(14) 18		
(2) 28	(15) 28		
(3) 38	(16) 48		
(4) 18	(17) 68		
(5) 28	(18) 17		
(6) 48	(19) 27		
(7) 68	(20) 29		
(8) 19	(21) 49		
(9) 28	(22) 46		
(10) 29	(23) 58		
(11) 38	(24) 68		
(12) 39	(25) 88		
(13) 59			

2
(1) 19	(14) 68
(2) 19	(15) 66
(3) 29	(16) 69
(4) 26	(17) 79
(5) 37	(18) 79
(6) 39	(19) 74
(7) 39	(20) 83
(8) 37	(21) 84
(9) 47	(22) 89
(10) 47	(23) 88
(11) 56	(24) 98
(12) 58	(25) 97
(13) 59	

2
(1) 20	(6) 22	(11) 24	(16) 35
(2) 22	(7) 21	(12) 27	(17) 38
(3) 23	(8) 22	(13) 28	(18) 36
(4) 24	(9) 25	(14) 28	(19) 38
(5) 25	(10) 26	(15) 29	(20) 48

Advice
How hard was it to add two 2-digit numbers? If you felt it was very difficult, try reviewing 2-digit plus 1-digit addition a little before moving on.

12 Addition ◆Sums up to 20 pp 24, 25

1
(1) 6	(4) 6		
(2) 8	(5) 8	(7) 8	(9) 8
(3) 9	(6) 9	(8) 9	(10) 9

2
(1) 8	(4) 9	(7) 19	(10) 16
(2) 9	(5) 8	(8) 18	
(3) 9	(6) 18	(9) 19	

3
(1) 16	(6) 18	(11) 17	(16) 18
(2) 17	(7) 19	(12) 18	(17) 15
(3) 18	(8) 16	(13) 18	(18) 18
(4) 19	(9) 18	(14) 19	(19) 19
(5) 16	(10) 19	(15) 19	(20) 19

13 Addition ◆Sums up to 50 pp 26, 27

1
(1) 15	(6) 17	(11) 18	(16) 19
(2) 16	(7) 18	(12) 19	(17) 20
(3) 17	(8) 19	(13) 20	(18) 21
(4) 18	(9) 20	(14) 21	(19) 22
(5) 19	(10) 21	(15) 22	(20) 24

Advice
Were you able to add a 2-digit number to a 1-digit number without making mistakes? If you made some mistakes, review them before continuing.

14 Addition ◆Sums up to 100 pp 28, 29

1
(1) 26	(6) 27	(11) 43	(16) 55
(2) 26	(7) 36	(12) 46	(17) 59
(3) 29	(8) 41	(13) 65	(18) 68
(4) 37	(9) 50	(14) 58	(19) 66
(5) 39	(10) 51	(15) 99	(20) 98

2
(1) 80	(6) 58	(11) 36	(16) 48
(2) 80	(7) 39	(12) 33	(17) 78
(3) 70	(8) 92	(13) 35	(18) 77
(4) 90	(9) 76	(14) 39	(19) 98
(5) 90	(10) 73	(15) 85	(20) 39

15 Addition ◆Sums up to 100 pp 30, 31

1
(1) 30	(6) 38	(11) 35	(16) 39
(2) 36	(7) 78	(12) 50	(17) 39
(3) 39	(8) 49	(13) 64	(18) 59
(4) 58	(9) 79	(14) 92	(19) 59
(5) 86	(10) 99	(15) 92	(20) 60

2
(1) 20	(6) 30	(11) 21	(16) 31
(2) 30	(7) 40	(12) 31	(17) 41
(3) 40	(8) 50	(13) 41	(18) 51
(4) 50	(9) 60	(14) 51	(19) 61
(5) 60	(10) 70	(15) 61	(20) 71

16 Addition ◆Sums up to 100 pp 32, 33

1
(1) 22	(6) 32	(11) 43	(16) 63
(2) 32	(7) 42	(12) 53	(17) 83
(3) 42	(8) 52	(13) 55	(18) 65
(4) 52	(9) 72	(14) 65	(19) 85
(5) 62	(10) 82	(15) 75	(20) 85

2
(1) 22	(6) 79	(11) 30	(16) 42
(2) 36	(7) 86	(12) 32	(17) 50
(3) 83	(8) 97	(13) 33	(18) 62
(4) 37	(9) 33	(14) 41	(19) 71
(5) 78	(10) 60	(15) 41	(20) 86

17 Addition ◆Sums up to 100 pp 34, 35

1
(1) 40	(6) 79	(11) 31	(16) 70
(2) 90	(7) 59	(12) 32	(17) 82
(3) 97	(8) 37	(13) 35	(18) 83
(4) 88	(9) 29	(14) 40	(19) 93
(5) 59	(10) 49	(15) 41	(20) 95

2
(1) 78	(6) 40	(11) 44	(16) 63
(2) 92	(7) 40	(12) 70	(17) 61
(3) 94	(8) 41	(13) 84	(18) 80
(4) 91	(9) 53	(14) 90	(19) 84
(5) 80	(10) 63	(15) 96	(20) 96

18 Addition ◆Sums up to 100 pp 36, 37

1
(1) 78	(6) 52	(11) 62	(16) 61
(2) 70	(7) 61	(12) 63	(17) 85
(3) 48	(8) 60	(13) 66	(18) 86
(4) 74	(9) 61	(14) 74	(19) 81
(5) 69	(10) 64	(15) 90	(20) 91

2
(1) 52	(6) 40	(11) 92	(16) 60
(2) 68	(7) 52	(12) 62	(17) 50
(3) 99	(8) 65	(13) 91	(18) 81
(4) 81	(9) 62	(14) 95	(19) 83
(5) 84	(10) 83	(15) 63	(20) 98

19 Addition ◆Sums up to 100 pp 38, 39

1
(1) 40	(6) 63	(11) 43	(16) 65
(2) 52	(7) 93	(12) 52	(17) 61
(3) 90	(8) 61	(13) 72	(18) 76
(4) 93	(9) 75	(14) 64	(19) 93
(5) 73	(10) 96	(15) 87	(20) 98

2
(1) 41	(6) 74	(11) 70	(16) 70
(2) 43	(7) 86	(12) 62	(17) 70
(3) 80	(8) 95	(13) 84	(18) 81
(4) 96	(9) 92	(14) 93	(19) 85
(5) 91	(10) 82	(15) 98	(20) 97

20 Addition ◆Sums up to 100 pp 40, 41

1
(1) 90	(6) 85	(11) 61	(16) 80
(2) 64	(7) 85	(12) 63	(17) 81
(3) 81	(8) 84	(13) 74	(18) 85
(4) 80	(9) 96	(14) 92	(19) 90
(5) 96	(10) 98	(15) 93	(20) 97

2
(1) 61	(6) 70	(11) 62	(16) 82
(2) 51	(7) 83	(12) 81	(17) 80
(3) 75	(8) 94	(13) 92	(18) 95
(4) 64	(9) 91	(14) 84	(19) 88
(5) 90	(10) 82	(15) 83	(20) 87

21 Addition ◆Sums up to 100 pp 42, 43

1
(1) 41	(6) 61	(11) 73	(16) 70
(2) 51	(7) 72	(12) 64	(17) 72
(3) 70	(8) 95	(13) 96	(18) 74
(4) 92	(9) 86	(14) 93	(19) 85
(5) 73	(10) 96	(15) 81	(20) 98

2
(1) 41	(6) 81	(11) 70	(16) 64
(2) 81	(7) 96	(12) 82	(17) 90
(3) 83	(8) 91	(13) 82	(18) 90
(4) 94	(9) 87	(14) 85	(19) 80
(5) 91	(10) 96	(15) 82	(20) 98

22 Addition ◆Sums up to 100 — pp 44,45

1
(1) 62	(6) 92	(11) 71	(16) 90
(2) 83	(7) 63	(12) 92	(17) 64
(3) 71	(8) 84	(13) 83	(18) 72
(4) 61	(9) 96	(14) 97	(19) 95
(5) 81	(10) 80	(15) 95	(20) 98

2
(1) 68	(6) 60	(11) 80	(16) 93
(2) 90	(7) 81	(12) 92	(17) 94
(3) 81	(8) 94	(13) 94	(18) 91
(4) 92	(9) 65	(14) 93	(19) 94
(5) 64	(10) 98	(15) 95	(20) 67

23 2-Digit Addition ◆Sums beyond 100 — pp 46,47

1
(1) 75	(4) 99	(6) 63	(9) 99
(2) 86	(5) 100	(7) 73	(10) 100
(3) 92		(8) 90	

2
(1) 75	(4) 99	(6) 76	(9) 90
(2) 71	(5) 100	(7) 98	(10) 100
(3) 92		(8) 74	

3
(1) 80	(4) 100	(6) 82	(9) 100
(2) 60	(5) 101	(7) 86	(10) 106
(3) 63		(8) 78	

4
(1) 94	(4) 100	(6) 90	(9) 100
(2) 92	(5) 102	(7) 51	(10) 104
(3) 95		(8) 90	

Advice

Could you easily answer the questions with sums over 100? If you needed a lot of time, try practicing this page some more.

24 2-Digit Addition ◆Sums beyond 100 — pp 48,49

1
(1) 72	(6) 95	(11) 94	(16) 90
(2) 85	(7) 95	(12) 74	(17) 81
(3) 84	(8) 84	(13) 63	(18) 100
(4) 100	(9) 100	(14) 100	(19) 101
(5) 106	(10) 107	(15) 104	(20) 104

2
(1) 40	(4) 101	(6) 64	(9) 118
(2) 41	(5) 107	(7) 98	(10) 128
(3) 91		(8) 108	

3
(1) 97	(4) 127	(6) 95	(9) 125
(2) 107	(5) 137	(7) 105	(10) 135
(3) 117		(8) 115	

25 2-Digit Addition ◆Sums beyond 100 — pp 50,51

1
(1) 84	(6) 83	(11) 73	(16) 83
(2) 92	(7) 93	(12) 94	(17) 107
(3) 102	(8) 103	(13) 100	(18) 117
(4) 112	(9) 113	(14) 110	(19) 127
(5) 122	(10) 123	(15) 120	(20) 137

2
(1) 84	(6) 94	(11) 93	(16) 100
(2) 95	(7) 95	(12) 104	(17) 101
(3) 104	(8) 102	(13) 102	(18) 111
(4) 102	(9) 112	(14) 110	(19) 121
(5) 116	(10) 122	(15) 120	(20) 131

26 2-Digit Addition ◆Sums beyond 100 — pp 52,53

1
(1) 70	(6) 90	(11) 80	(16) 90
(2) 80	(7) 100	(12) 100	(17) 100
(3) 100	(8) 110	(13) 110	(18) 110
(4) 110	(9) 120	(14) 130	(19) 120
(5) 120	(10) 140	(15) 150	(20) 160

2
(1) 71	(6) 73	(11) 92	(16) 94
(2) 91	(7) 93	(12) 102	(17) 104
(3) 101	(8) 103	(13) 112	(18) 114
(4) 111	(9) 113	(14) 122	(19) 124
(5) 121	(10) 123	(15) 142	(20) 144

27 2-Digit Addition ◆Sums beyond 100 — pp 54,55

1
(1) 80	(6) 95	(11) 88	(16) 91
(2) 130	(7) 105	(12) 136	(17) 102
(3) 110	(8) 115	(13) 119	(18) 113
(4) 120	(9) 125	(14) 136	(19) 144
(5) 140	(10) 135	(15) 147	(20) 167

2 (1) 90　(6) 94　(11) 82　(16) 99
(2) 100　(7) 108　(12) 105　(17) 111
(3) 110　(8) 117　(13) 129　(18) 121
(4) 120　(9) 121　(14) 138　(19) 132
(5) 130　(10) 131　(15) 158　(20) 151

28 2-Digit Addition ◆Sums beyond 100　pp 56, 57

1 (1) 73　(6) 94　(11) 83　(16) 95
(2) 93　(7) 104　(12) 121　(17) 105
(3) 103　(8) 114　(13) 131　(18) 125
(4) 113　(9) 124　(14) 141　(19) 133
(5) 123　(10) 154　(15) 151　(20) 143

2 (1) 108　(6) 75　(11) 71　(16) 73
(2) 135　(7) 85　(12) 101　(17) 123
(3) 119　(8) 105　(13) 121　(18) 130
(4) 136　(9) 155　(14) 136　(19) 143
(5) 140　(10) 122　(15) 140　(20) 142

29 2-Digit Addition ◆Sums beyond 100　pp 58, 59

1 (1) 67　(6) 89　(11) 41　(16) 105
(2) 77　(7) 101　(12) 81　(17) 105
(3) 107　(8) 117　(13) 101　(18) 151
(4) 137　(9) 179　(14) 121　(19) 161
(5) 157　(10) 150　(15) 171　(20) 171

2 (1) 100　(6) 100　(11) 130　(16) 111
(2) 110　(7) 105　(12) 125　(17) 121
(3) 120　(8) 102　(13) 134　(18) 141
(4) 130　(9) 103　(14) 100　(19) 151
(5) 140　(10) 101　(15) 128　(20) 161

30 2-Digit Addition ◆Sums beyond 100　pp 60, 61

1 (1) 83　(6) 91　(11) 92　(16) 100
(2) 93　(7) 121　(12) 132　(17) 110
(3) 103　(8) 151　(13) 142　(18) 120
(4) 113　(9) 161　(14) 142　(19) 130
(5) 133　(10) 181　(15) 142　(20) 150

2 (1) 140　(6) 113　(11) 163　(16) 114
(2) 118　(7) 155　(12) 124　(17) 120
(3) 128　(8) 106　(13) 102　(18) 144
(4) 122　(9) 104　(14) 120　(19) 135
(5) 106　(10) 127　(15) 124　(20) 145

31 2-Digit Addition ◆Sums beyond 100　pp 62, 63

1 (1) 80　(6) 86　(11) 96　(16) 83
(2) 81　(7) 87　(12) 76　(17) 133
(3) 108　(8) 110　(13) 115　(18) 149
(4) 142　(9) 105　(14) 141　(19) 103
(5) 134　(10) 141　(15) 151　(20) 171

2 (1) 152　(8) 121　(15) 111
(2) 101　(9) 97　(16) 164
(3) 100　(10) 84　(17) 129
(4) 131　(11) 104　(18) 109
(5) 93　(12) 141　(19) 109
(6) 94　(13) 154　(20) 113
(7) 113　(14) 135

32 2-Digit Addition ◆Sums beyond 100　pp 64, 65

1 (1) 86　(8) 106　(15) 110
(2) 60　(9) 96　(16) 162
(3) 138　(10) 137　(17) 119
(4) 144　(11) 83　(18) 129
(5) 87　(12) 145　(19) 90
(6) 118　(13) 156　(20) 109
(7) 124　(14) 134

2 (1) 83　(8) 117　(15) 140
(2) 66　(9) 108　(16) 181
(3) 90　(10) 139　(17) 128
(4) 133　(11) 127　(18) 138
(5) 101　(12) 143　(19) 149
(6) 120　(13) 115　(20) 119
(7) 132　(14) 102

33 · 2-Digit Addition ◆Sums beyond 100

1
(1) 128	(8) 167	(15) 155
(2) 122	(9) 102	(16) 165
(3) 116	(10) 120	(17) 155
(4) 134	(11) 124	(18) 119
(5) 155	(12) 144	(19) 124
(6) 146	(13) 120	(20) 163
(7) 123	(14) 144	

2
(1) 83	(8) 180	(15) 166
(2) 104	(9) 102	(16) 183
(3) 111	(10) 123	(17) 97
(4) 125	(11) 133	(18) 94
(5) 133	(12) 142	(19) 118
(6) 163	(13) 144	(20) 118
(7) 174	(14) 142	

34 · 2-Digit Addition ◆Sums beyond 100

pp 68,69

1
(1) 79	(6) 73	(11) 60	(16) 82
(2) 69	(7) 100	(12) 105	(17) 91
(3) 60	(8) 93	(13) 86	(18) 114
(4) 83	(9) 72	(14) 82	(19) 75
(5) 91	(10) 83	(15) 74	(20) 88

2
(1) 130	(6) 136	(11) 104	(16) 145
(2) 117	(7) 96	(12) 127	(17) 132
(3) 107	(8) 120	(13) 100	(18) 122
(4) 120	(9) 115	(14) 114	(19) 82
(5) 96	(10) 105	(15) 110	(20) 108

35 · 2-Digit Addition ◆Sums beyond 100

pp 70,71

1
(1) 143	(6) 64	(11) 121	(16) 94
(2) 111	(7) 104	(12) 136	(17) 109
(3) 131	(8) 141	(13) 156	(18) 76
(4) 114	(9) 88	(14) 134	(19) 70
(5) 103	(10) 95	(15) 110	(20) 84

2
(1) 144	(6) 57	(11) 153	(16) 113
(2) 96	(7) 118	(12) 134	(17) 159
(3) 137	(8) 124	(13) 110	(18) 55
(4) 83	(9) 106	(14) 123	(19) 136
(5) 145	(10) 30	(15) 62	(20) 134

36 · 3-Digit Addition

pp 72,73

1
(1) 200	(14) 600
(2) 300	(15) 800
(3) 400	(16) 1000
(4) 600	(17) 600
(5) 300	(18) 800
(6) 500	(19) 900
(7) 700	(20) 700
(8) 900	(21) 800
(9) 400	(22) 1000
(10) 500	(23) 800
(11) 800	(24) 1000
(12) 900	(25) 900
(13) 1000	

2
(1) 600	(14) 1000
(2) 700	(15) 1100
(3) 800	(16) 1200
(4) 900	(17) 1300
(5) 1000	(18) 1000
(6) 900	(19) 1100
(7) 800	(20) 1200
(8) 700	(21) 1100
(9) 800	(22) 1000
(10) 900	(23) 1100
(11) 1000	(24) 1200
(12) 1100	(25) 1100
(13) 1200	

37 · 3-Digit Addition

pp 74,75

1
(1) 110	(14) 240
(2) 210	(15) 250
(3) 310	(16) 320
(4) 130	(17) 370
(5) 230	(18) 560
(6) 330	(19) 580
(7) 260	(20) 610
(8) 360	(21) 770
(9) 460	(22) 790
(10) 440	(23) 810
(11) 540	(24) 860
(12) 640	(25) 920
(13) 740	

94   © Kumon Publishing Co., Ltd.

2
- (1) 101
- (2) 201
- (3) 501
- (4) 103
- (5) 303
- (6) 206
- (7) 406
- (8) 404
- (9) 504
- (10) 704
- (11) 605
- (12) 405
- (13) 408
- (14) 304
- (15) 504
- (16) 508
- (17) 603
- (18) 605
- (19) 704
- (20) 707
- (21) 709
- (22) 801
- (23) 804
- (24) 906
- (25) 908

38 4-Digit Addition
pp 76,77

1
- (1) 2000
- (2) 3000
- (3) 5000
- (4) 4000
- (5) 5000
- (6) 9000
- (7) 10000
- (8) 7000
- (9) 8000
- (10) 8000
- (11) 10000
- (12) 10000

2
- (1) 1100
- (2) 2100
- (3) 4100
- (4) 1300
- (5) 3300
- (6) 2600
- (7) 4600
- (8) 4800
- (9) 5800
- (10) 5200
- (11) 8200
- (12) 8500
- (13) 7500

39 Three Numbers ◆Addition
pp 78,79

1
- (1) 15
- (2) 15
- (3) 26
- (4) 26
- (5) 35
- (6) 35
- (7) 54
- (8) 54

2
- (1) 18
- (2) 15
- (3) 26
- (4) 28
- (5) 44
- (6) 45
- (7) 57
- (8) 73

3
- (1) 14
- (2) 38
- (3) 68
- (4) 64
- (5) 57
- (6) 34
- (7) 68
- (8) 56

4
- (1) 16
- (2) 18
- (3) 23
- (4) 34
- (5) 82
- (6) 65
- (7) 28
- (8) 35
- (9) 83
- (10) 77
- (11) 57
- (12) 73

40 Three Numbers ◆Addition
pp 80,81

1
- (1) 9
- (2) 89
- (3) 16
- (4) 93
- (5) 23
- (6) 91

2
- (1) 99
- (2) 91
- (3) 95
- (4) 90
- (5) 127
- (6) 121

3
- (1) 89
- (2) 85
- (3) 159
- (4) 133
- (5) 144
- (6) 84
- (7) 80
- (8) 133
- (9) 84
- (10) 115
- (11) 89
- (12) 150
- (13) 165

41 Three Numbers ◆Addition
pp 82,83

1
- (1) 16
- (2) 28
- (3) 43
- (4) 45
- (5) 67
- (6) 26
- (7) 76
- (8) 38
- (9) 76
- (10) 87
- (11) 80
- (12) 75

2
- (1) 95
- (2) 96
- (3) 56
- (4) 85
- (5) 58
- (6) 58
- (7) 44
- (8) 75
- (9) 68
- (10) 76
- (11) 95
- (12) 101
- (13) 68

42 Three Numbers ◆Addition pp 84, 85

1
(1) 79	(6) 84	(11) 66
(2) 79	(7) 87	(12) 73
(3) 83	(8) 100	
(4) 101	(9) 61	
(5) 90	(10) 141	

2
(1) 79	(6) 64	(11) 99
(2) 85	(7) 140	(12) 90
(3) 89	(8) 163	(13) 165
(4) 83	(9) 84	
(5) 114	(10) 145	

43 Review pp 86, 87

1
(1) 13	(8) 150
(2) 17	(9) 93
(3) 20	(10) 67
(4) 23	(11) 34
(5) 26	(12) 38
(6) 60	(13) 69
(7) 100	(14) 48

2
(1) 18	(4) 27	(7) 38	(10) 80
(2) 41	(5) 90	(8) 86	(11) 76
(3) 83	(6) 97	(9) 79	(12) 81

3
(1) 84	(6) 86	(11) 133
(2) 128	(7) 113	(12) 129
(3) 118	(8) 102	(13) 149
(4) 100	(9) 120	(14) 133
(5) 163	(10) 153	

4
(1) 66	(3) 95	(4) 148
(2) 105		

Advice

If you made many mistakes in **1**, start reviewing on page 16.

If you made many mistakes in **2**, start reviewing on page 28.

If you made many mistakes in **3**, start reviewing on page 46.

If you made many mistakes in **4**, start reviewing on page 78.